二十几岁如何投资自己

水中鱼 著

How to
Invest Yourself
in Your Twenties

图书在版编目（CIP）数据

二十几岁如何投资自己 / 水中鱼著. -- 北京：华文出版社, 2020.2
ISBN 978-7-5075-5093-1

Ⅰ.①二… Ⅱ.①水… Ⅲ.①自我完善化—通俗读物 Ⅳ.①C912.1-49

中国版本图书馆CIP数据核字（2019）第246248号

二十几岁如何投资自己

ERSHIJISUI RUHE TOUZI ZIJI

著　　者：	水中鱼
出版策划：	兴盛乐
责任编辑：	胡慧华　南洋
出版发行：	华文出版社
社　　址：	北京市西城区广外大街305号8区2号楼
邮政编码：	100055
网　　址：	http://www.hwcbs.com.cn
电　　话：	总 编 室 010-58336239　　发 行 部 010-58336267　58336230
	责任编辑 010-58336197
经　　销：	新华书店
印　　刷：	北京柯蓝博泰印务有限公司
开　　本：	880×1280　1/32
印　　张：	6.5
字　　数：	145千字
版　　次：	2020年2月第1版
印　　次：	2020年2月第1次印刷
书　　号：	ISBN 978-7-5075-5093-1
定　　价：	32.00元

版权所有　侵权必究

前　言

二十几岁，我们不想要现在的生活怎么办

二十几岁的你，现在在过着什么样的生活？

"做着单调的工作，拿着微薄的薪水，刷朋友圈看别人晒精彩、秀幸福！"

"二十几岁就觉得很累、很无聊，过着一眼望到死的生活……"

"有钱就花着，有工作先干着，以后的日子再说吧。"

"'鸡汤'喝了不少，疗愈的文字也看了很多，可我的青春依旧迷茫怎么办？"

"真的很努力了，每天这么累得到的却很少，我不知道未来在哪里？"

"玩呗，我只要现在过得开心就好，不想谈以后，毕竟我才二十几岁！"

……

2014年美国年度创意公司Bloom Reach的CEO和创始人Raj De Datta曾经写过一篇著名的文章《二十几岁的时候，我们如何投资自己》，于是我们看到了这位年轻的成功者是怎样经营自己的青春岁月的：关注自己的学习曲线增长、找到职业方向、培养自己的辩证思维、最大限度地了解自己、知道自己想要成为什么样子。他努力地投资自己、提升自己，终于在三十多岁的时候跳出了平庸的生活，活成了自己想要的样子。

没错，二十几岁是你一生中最重要也是最好的升值期，这短短的几年是怎样度过的，将会直接决定你三十岁之后的人生。

现实生活中，我们看到很多年轻人的二十几岁都是这样走完的：前几年在大学里无所事事，中间几年迷茫地找一份糊口的工作，最后几年浑浑噩噩地在陌生的城市里做着自己也许并不喜欢的工作。再一转身，竟然已经是三十出头了，于是意气消沉、得过且过、焦虑不安、抱怨不休。

如果你不喜欢自己现在的样子，如果你羡慕别人的生活状态，如果你希望自己不在三十多岁时感到后悔，那么请在二十几岁时好好投资自己，让自己实现指数式增长，在未来拥有现在还不敢奢望的精彩生活！

收起你的懒散，走出你的舒适区。谁家年少无挫伤，二十几岁的你拥有试错重启的特权，而总是害怕犯错、害怕失败，会让你做的越来越少，想的越来越多，最终一事无成！

充实自己，让自己掌握更多的技能。你的时间花在哪里，其实是可以看得到的，你对时间的利用方式，也将决定你会成为一个什么样的人。

行动起来，给自己增加更多的社会经验。学说话礼仪、学投资人际资源、学为人处世、学理财投资……你是个成熟的大人了，应该学着走入真实的世界！

总之，你才二十几岁，年轻就是资本，年轻意味着无限可能，你可以大胆去尝试。可以很折腾，可以很固执，可以不必害怕丢脸。

一个人的想法决定了他将来的命运，一个人的思路决定了他未来的方向与出路。

二十几岁时，我们不一定要马上成功，但是我们一定要及早准备、及早规划，尽最大的可能为自己寻找最好的出路，经过五年、十年、十五年的努力，我们会发现自己的人生已经被彻底颠覆了！

但是不用着急，二十几岁的你正在为自己的未来付出最大努力，那些你以为永远看不到的风景，那些你以为不会属于你的生活，正一点点向你走来！

目 录

第一章　最艰难、最美好的时光，你凭什么变得优秀

　　每天做一两件该做而不想做的事 / 002

　　努力是要一个结果，而不是感动自己 / 006

　　谁家年少无挫伤，成长比输赢更重要 / 010

　　拒绝低水平重复，升级为高配版的自己 / 013

　　这一次就做好，不要寄望于下一次 / 018

　　不害怕错误，不逃避责任 / 023

　　培养卓越的个性风格 / 028

第二章　发现习惯的力量，建立一生受益的行为模式

　　阅读是准入门槛最低的高贵举动 / 036

　　立即行动是所有成功者共同的习惯 / 039

　　独立是年轻人成长中最重要的一课 / 042

　　珍惜时间，你的时间会越来越有价值 / 045

　　放下自卑，充满自信成长 / 048

不轻视小事，把每一件小事做到位 / 055

信用是你可以享用一生的珍贵资本 / 059

第三章 勾勒职业成长蓝图，很多东西比薪水更重要

找到适合自己的发展平台 / 064

热门行业不等于职业前景 / 068

确立人生目标，把精力集中到一点 / 073

先求升值，再谈升职 / 077

事业是做出来的，不是跳出来的 / 080

给自己打上"优秀"的标签，并且"秀"出来 / 085

一天一点提高你的身价 / 089

第四章 二十几岁投资人际资源，三十几岁才能享用

为什么要跟成功人士在一起 / 094

如何经营自己身边的高端人际资源 / 096

好人际资源慢慢经营，切勿急功近利 / 099

管好人情账户，不要打折不要透支 / 101

有四种朋友这一生不可错过 / 106

二十几岁，凭什么让人喜欢你 / 109

年轻人交朋友要有点弹性 / 115

第五章 二十几岁要练"嘴"，不要输在不会表达上

语言有点弹性，有时候话要模糊说 / 120

在说话这件事上，千万不要"一视同仁" / 122

不怯场，关键时刻要能口若悬河 / 125

掌握一点口语化讲话艺术 / 128

你的欣赏要说出来让对方知道 / 132

找好话题，谈话就成功了一半 / 137

少说"我"，多谈谈"你" / 140

做一个说话不让人扫兴的人 / 143

第六章 一天一堂情商课，优秀的人能掌控情绪

评价能伤害你，是你自己递的刀 / 148

永远怀抱希望，永远看到最好的 / 151

告别玻璃心，我可以不那么敏感 / 154

别烦躁，麻烦来了不要逃跑 / 158

你要学会制服愤怒 / 160

越是关键时刻，越要保持冷静 / 165

可以抱怨，但是抱怨要有底线 / 169

第七章 二十几岁学理财，打开你的财务自由之门

二十几岁要建立什么样的财富素养 / 174

越是缺钱的时候，越要理财 / 177

选择最适合自己的理财方式 / 180

为什么都在说"思考致富" / 183

尝试修筑赚钱的管道 / 186

要赚钱，先给自己找对圈子 / 188

先稳定基础性收入，再谈其他 / 191

"买买买"面前保持头脑清醒 / 193

第一章

最艰难、最美好的时光,你凭什么变得优秀

每天做一两件该做而不想做的事

二十几岁了,你应该明白一件事:许多困难,其实是人们凭空想象出来的。不自信的人,往往把困难想象得比实际的大,他们被自己心中想象出来的困难所吓倒,从而丧失了许多成功的机会。而具有积极心态的人,他们能正视困难,他们相信,只要去做,总是有成功的机会的。

心理学家威廉·詹姆斯曾提醒大家:"每天都做一两件你应做但不想做的事,这能减轻精神负担,同时让你觉得愉快。"

有一位心理专家常常见到一些来咨询的年轻人,他们消沉、慵懒,做起事来不带劲。在谈话中,他们承认生活不规律,晚睡晚起,有时睡到中午才起床,经常陷入消沉的情绪状态。由于工作不力,一连换了几个工作,还是被炒鱿鱼。这些人既非忧郁症患者,也没有情绪失调,他们的问题在于不肯面对难题。心理专家问:"你何不早上去运动,天天训练你的体能?""这太难了,我爬不起来!"你要认清楚,这就是你每天该做的事,因为你不想做,就得承受疲惫的后果。如果你肯先付出运动的代价,就能享受精神振作的报酬。

有一次,一位年轻人跟心理专家说,他只做容易的事,对于困难的事,总是找个理由,把它搁在一旁。他理直气壮地表示:

"就像在学校做考卷一样,会的先做,不会的有时间再去想。事实上,我根本没有时间去想那些难题。"心理专家愕然:一个人竟然会在准备升学考试中"学会"逃避困难和烦琐的事。

这些不愿意面对难题的人,往往是任性的,在情绪上甚至表现得失控和冲动。他们有个共同的行为模式:先玩再说,后果以后再面对。这些人到了成年后,习惯逃避所有的重要工作和困难的问题,并因此过着失败的生活——他们的生活杂乱无章,情绪易冲动,婚姻不幸,意外事故发生率也很高。

勇敢面对困难和耐心应付厌烦的事,应当成为一种习惯。人一旦养成这个好习惯,做起事来就会称心顺意。当你碰到困难时,若能正视它,立即采取行动,就会激发专注、创意和毅力。一个年轻的企业家这样描述了他的心路历程:我年轻时,初次出门做买卖,觉得既害羞又不自在,几乎不敢跨出门去。母亲给了我临门一脚,她说:"货都备好了,不送出去卖就会坏掉。"当时我卖的是水果,只好硬着头皮,花了大半天才把它贩卖出去。从那时起,我学会直截了当地面对困难。这做来并不容易,但却很管用——我每克服一次困难,都会觉得比上一次更容易些。

许多人都怕麻烦,或者畏惧困难,于是养成了逃避责任和临阵脱逃的习惯,人一旦养成拈轻怕重的坏习惯,不敢面对生活与工作的挑战,就会成为性格上的一大弱点,也会因此失去获取他该取得的知识、能力和经验的机会。很多时候,如果你放下畏惧和顾虑直接去做,就会发现事情并没有那么难。

有个名为琼斯的新闻记者,初入行时极为羞怯怕生,有一天他的上司叫他去访问大法官布兰代斯,琼斯大吃一惊,说道:"我怎能要求单独访问他?布兰代斯不认识我,他怎么肯接见我？"

在场的一个记者立刻拿起电话打到布兰代斯的办公室，和大法官的秘书通话。他说："我是明星报的琼斯（琼斯在旁大吃一惊），我奉命访问法官，不知道他今天能否接见我几分钟？"他听完对方答话，然后说："谢谢你，1点15分，我按时到。"他把电话放下，对琼斯说："你的约会安排好了。"

事隔多年，琼斯对这件事仍念念不忘，他说道："从那时起，我学会了单刀直入的办法，虽然做起来不易，却很有用。第一次时克服了心中的畏怯，下次就比较容易一点。"

1864年，美国南北战争结束后，一位叫马维尔的记者采访林肯。

马维尔问道："据我所知，上两届总统都曾想过废除黑奴制，《解放黑奴宣言》也早在他们那个时期就已拟就，可是他们都没拿起笔签署它。请问总统先生，他们是不是想把这一伟业留下来，给您去成就英名？"

林肯回答道："可能有这意思吧。不过，如果他们知道拿起笔需要的仅仅是一点勇气，我想他们一定非常懊丧。"

这段对话发生在林肯去帕特森的途中，马维尔还没来得及问下去，林肯的马车就出发了，因此，他一直都没弄明白林肯的这句话到底是什么意思。直到1914年，林肯去世50年后，马维尔才在林肯致朋友的一封信中找到答案。在信里，林肯谈到幼年的一段经历：

"我父亲在西雅图有一处农场，上面有许多石头。正因为如此，父亲才得以较低的价格买下它。有一天，母亲建议把上面的石头搬走。父亲说如果可以搬走的话，主人就不会卖给我们了，它们是一座座小山头，都与大山连着。"

"有一年，父亲去城里买马，母亲带我们在农场劳动。母亲说：'让我们把这些碍事的东西搬走，好吗？'于是我们开始搬挖一块块石头，不长时间，就把它们弄走了，因为它们并不是父亲想象的山头，而是一块块孤零零的石块，只要往下挖一米，就可以把它们晃动。"

林肯在信的末尾说，有些事情一些人之所以不去做，只是他们认为不可能。有许多不可能，只存在于人的想象之中。

读到这封信的时候，马维尔已是76岁的老人了，就是在这一年，他正式下决心学外语。据说，1922年他在广州采访时，就是以流利的汉语与孙中山对话的。

是的，有许多不可能，只存在于人的想象之中。可惜，能知道这个道理的人少之又少，大多数人总是习惯于夸大困难，不愿去尝试和努力。

所以，现在你要学习的就是，面对困难，不要先想着逃避，而是去试一下，把你该做的事做好。有一个方法是，把生活中的苦与乐，在顺序上做个调整，先去克服困难，解除其痛苦，然后就能得到快乐和精神上的安泰，这叫延缓报偿。心智的成长和成功，蕴藏在困难和麻烦的事项里。勇敢面对困难是生命成长的关键。

每日都做一两件该做而不想做的事，这样面对困难时不但令你喜悦，而且会让你更有成就感。

努力是要一个结果，而不是感动自己

很多年轻人都在强调自己有多努力：每天熬夜学习、上班早到晚退、很久没有出去玩等，接下来又开始抱怨自己什么也没有得到。当我们一一细数自己的努力时，其实更像是在"炫耀"自己的辛苦。二十几岁，我们已经是成年人了，请想一下，你的所谓的努力，究竟是为了"感动"自己，还是为了求一个结果？

重视结果，不是否定过程，而是进一步强调对结果负责。纵观那些名留青史的伟人，或者如今让我们仰视的成功人士，从他们的人生经历中，都能看清一点：在人的自我实现过程中，预料结果并且能收获预期结果是关键的。

人的自我实现是指个人发挥潜能，贡献社会，实现人之为人的尊严，它是过程但更是结果。至于孰轻孰重，就要看哪个是自我实现的动力源泉，哪个是自我实现的价值指引。一位哲人曾说："最蹩脚的建筑师也比最灵巧的蜜蜂高明。"我们可以想象，同样是建筑的过程，同样是耗费了力量，但是结果是不同的。站在人类的角度上，建筑师修建的才是人类可以居住的房子，才是人类可以享受的结果，而蜜蜂的劳动过程再如何闪耀着光辉，对于人类而言也是一个零。

成功人士有一个普遍的特点，就是他们在进行一件事情的时候，已经预先估计了事件的结果，然后制定路线图，按照他们的计划一点点地朝着结果迈进。其实在人的社会行动中，劳动的结果在劳动过程开始时就已经存在于人的观念之中，并且主宰着人的行为。而人之异于动物，正在于人对结果的孜孜以求。结果使人生超越本能，赋予人生以理性主义的精神、积极入世的情怀和百折不挠的意志。《左氏春秋》中有这么一句话："立功、立德、立言，此皆为人生之不朽也。"功、德、言等这一切都是最终体现于人生的一种结果。看看这些伟大的前人们，如果司马迁没有著成《史记》，他如何成为古今史家第一人？如果爱因斯坦没有总结出相对论，他又怎么成为20世纪最伟大的科学家呢？人的自我实现当中，过程指向结果、服从结果，结果引导过程、统帅过程。结果是人生之舟的引擎，是人生航线的灯塔。

香港首富李嘉诚是个传奇性的人物，但他的成功也不是轻而易举的，从他获取第一桶金的经历中，我们或许能获得一些启发。

由于李嘉诚的父亲去世早，他在14岁的时候便被迫辍学，担负起了家庭的重担。他最初是在舅父的钟表公司里当学徒，后来又做推销员，经过几年的生活磨砺，他逐渐成熟起来。在干推销工作的这段时间，他虽然赚了一些钱，但他深刻地认识到，要是继续干下去，那么最终顶多就是一名高级打工仔，他所管理的塑胶企业、塑胶公司的财产毕竟是董事长的，企业的成败都与李嘉诚关系不大，这使得十分渴望向社会证明自身价值的李嘉诚下定决心要自立门户。因此，无论老板如何挽留，他都决意要离开，他要用自己平日点滴的积蓄从零开始，自己创业。

1950年夏天，李嘉诚筹借了五万港元在筲箕湾租了一间厂房，创办了长江塑胶厂，专门生产塑胶玩具和简单日用品。在创业最初的一段时期，李嘉诚凭着自己的商业头脑，以待人以诚、执事以信的商业准则发了几笔小财。但是当时年轻气盛的他，没有做到高瞻远瞩，没有对将来可能遇到的种种情况做好准备，所以不久就迎来了一段惨淡经营期。度过这段时期以后，他就急切地去扩张他那资金不足、设备简陋的塑胶企业，于是资金开始周转不灵，工厂亏损愈来愈重。扩张过快，承接订单过多，加之简陋的设备和人手不足，极大影响了塑胶产品的质量，迫在眉睫的交货期使重视质量的李嘉诚也无暇顾及愈来愈严重的次品问题。但是次品问题带来的后果是严重的：仓库开始堆满了因质量问题和交货延误而退回来的产品，塑胶原料商开始上门催缴原料费，客户也纷纷上门索赔。这是李嘉诚创业史上最晦暗的一页，它沉重地记录了李嘉诚摸爬滚打于暴雨泥泞之中的艰难历程，但是李嘉诚并没有倒下去，他冷静地分析了这次失败的原因，总结出这次盲目地、不顾结果地扩大生产是带来惨重失败的主要原因。只有高瞻远瞩的企业家才会是立于不败之地的成功者。李嘉诚很快掌握了这种思维模式，他观察到自己所生产的塑胶玩具在国际市场上已经趋于饱和状态了，似乎已经没有足够的生存市场，如果不顾结果继续生产，最终将会导致产品滞压囤积，没有活跃的销售市场。那么他必须重新选择一种能救活企业并具有竞争力的产品，从而实现他创立的塑胶厂的转轨。

　　从1957年开始，李嘉诚开始了他高瞻远瞩的转轨行动：生产既便宜又逼真的塑胶花，这在当时的香港还是一个冷门。不过他已经看到了塑料花市场繁荣的前景，经过李嘉诚的努力以及花样繁多的促销和广告活动，塑胶花开始引人注目起来，为市民所普遍接受。从此李嘉诚的事业步入了稳定发展的阶段。而李嘉诚这段创业经历所带给我们的启示就是要有一种重视结果的思维：在决定一项计划前，首先想到它会带来什么样的结果，这个结果会不会被社会接受；要是盲目地只求过程，头脑一热地去蛮干，只会离成功越来越远。

当然成功者的例子并非都是这些高高在上的大企业家，我们生活中也不乏一些成功者，他们或者是克服了身体上的残疾，或者是摆脱了苦难的折磨——只要我们用心，一定也能做到。

其实成功犹如优秀一样，可以称其为习惯。成功不像我们想象中那样遥不可及，简单的事情重复地做，当它成了一种潜意识的习惯时，成功就不远了。而成功者的第一个重要的思维习惯便是，要清楚地了解自己做每一件事情的目的。成功者大都在下决定后，迅速果断地行动，可是在做这些决定之前，他通常已经进行过了深思熟虑，清楚做事的目的，考虑到了事情的结果，而正是对目的的清楚了然，使他能够平稳地走向结果并且享受着过程。

谁家年少无挫伤，成长比输赢更重要

老鹰在练习飞翔时总是顺风而飞的，但是一旦遇到了危险，转过头来逆风而行时，反而可以飞得更高。

环境对人的影响巨大，草木不经霜雪则生意不固，人不经忧患则德慧不成，什么样的环境，便造就出什么样的人。如果不懂得适应环境，就会像温室里的花朵，一旦移出室外，必定枯萎而死。

很多人都曾抱怨："成功实在太辛苦了。"他们说得没错，成功非常辛苦，可是你想过吗？失败其实是更辛苦的。因为成功者辛苦一阵子，就能够帮助自己成功，然而失败者却要辛苦一辈子。从这个意义上讲，失败者的"毅力"比成功者更坚强，因为他们是在忍受一辈子。而成功者往往不能忍受，所以他们才迫不及待地追求成功。

怕苦是会苦一辈子的，而不怕苦只会苦一阵子。你如果能在一阵子当中把你一辈子能吃的苦都吃下去，接下来你就可以享受成功的果实了。然而，如何快速浓缩你的苦一次吃完呢？就是要不断地行动、不断地忍受失败、不断地忍受嘲笑、不断地接受被泼冷水、不断地接受打击，然后还能接着行动——这就是成功者在成功之前做的事情。

美国知名的女明星麦当娜,她年轻时梦想要在美国成为摇滚明星,于是她想在好莱坞找一份表演工作。开始时她经济困窘,穿的衣服经常三个月都不换,天天在垃圾桶里面捡别人扔的菜吃,后来她找到可以让她上台表演的工作,终于一朝成名,成为举世闻名的歌星。

如果你想成功,请你暂时忍受一时的辛苦,拿出努力,快速行动起来。假如你不愿采取行动帮助自己成功,那表示你还不是那么想成功。

想要成功,就要做别人不愿做的事情,吃别人不愿吃的苦;假如想要失败的话,那么做什么都无所谓。你必须要选择成功或失败,做一个决定。

所以,成功和失败都是你自己的决定。

人生之途就像逆水行舟,不进则退。在完成了一个课题之后,下面的课题又会接踵而来,如果不扎扎实实地付出努力,你会频频遭遇失败。甚至可以说,成功人士与非成功人士的分界就在这一点上。

在建立人生的初期阶段没有付出充分努力的人,是不太可能成功的。

也有很多年轻人觉得干什么事情都比工作有意思——看电视、买东西、聚在酒吧,或者躺着玩手机也好。这类人能做多少工作,又有多大可能获得成功也就不难想象了。

如果你强烈地希望成功,那你必须记住:在年轻的时光里,比起玩来,对工作要更感兴趣才行。不能在必要时拼死拼活地干的人,是不会获得成功的。

因此,不要埋怨吃苦,应该感谢上苍,至少你还能有吃苦的机会。

　　生命对于每个人只有一次，只有不曾放弃年轻时梦想的人生才会更富有内涵，更值得回味，也才会弥香久远。苍松不曾放弃险峻，才显出它生命的伟大和坚韧；蜡梅不曾放弃冬的严寒，傲立雪中，才迸发出了独特的生命芬芳。

　　苦难是锻炼人意志的最好学校。古人云："天将降大任于斯人也，必先苦其心志，劳其筋骨，饿其体肤，空乏其身，行拂乱其所为，所以动心忍性，增益其所不能。"与苦难搏击，它会激发你身上无穷的潜力，锻炼你的胆识，磨炼你的意志。

　　苦难是人生的必修课，强者视它为垫脚石，视它为财富；弱者视苦难为绊脚石，视它为万丈深渊，被它压垮。上帝是公平的，他在把苦难撒向人间的时候，往往准备好了等重的回报等着勇士去拿。当苦难不期而至时，我们要视苦难为机遇，向它宣战。当你成功地征服它之后，就能真切地感受到生活的甘甜、人生的价值。人的一生是由幸福和悲伤、成功和失败、欢乐和痛苦交织而成的，只有当你经受得住成功和失败的考验，才能展示你的真正价值。

　　身处苦难之时你会倍感痛苦与无奈，但当你走过困苦之后，你会更加深刻地明白：正是那份苦难给了你人格上的成熟和伟岸，给了你面对一切无所畏惧的能力，以及与这种能力紧密相连的面对苦难的心态。

拒绝低水平重复,升级为高配版的自己

"升级"是现在特别流行的一个词语,用在个人成长方面,仍然有其适用的道理。升级就是在原来的基础上更进步,改掉原来的不足,让优势更突出,拒绝在原来的水平上一再重复,打造一个高配版的自己。

2014年,有两个年轻人同时应聘并任职于吴先生创办的一家公司,一个是名牌大学管理专业毕业的小王,另一个是普通大学毕业的小赵。这两个年轻人都很活泼,在公司担任几乎相同的职位,只是起薪有所不同。一段时间过后,吴先生观察到小王虽然在大学里储备的知识很优秀,也能按部就班地执行工作任务,但是好像过于自信,不喜欢征询别人的建议;小赵好像觉得自己的学历背景不好,很有压力,每天仔细地观察别人如何完成工作,并经常征求领导和同事的建议。

有一次,吴先生加班到晚上10点,正要离开办公室,看到小赵还在,就问他很晚了怎么还没走。小赵告诉吴先生,他觉得自己完成工作有些吃力,便每天晚上在国外网站上查找些学习资料,提高自己的业务水平。吴先生点了点头,给他推荐了两个不错的专业网站,就离开了公司。

一年过后,这两个年轻人工作能力的差别显露出来:小王和

刚入公司一样，没有太多的提高；而交给小赵的任务，总能又快又好地完成。令人惊奇的是，小赵还提出了很多改善工作流程、创造效益的好点子，有一些还被采用了。作为老板，谁都会提拔那些有上进心，并且能给公司做出大贡献的人。经过部门上下的一致推举，小赵被提拔为部门的组长，职位和薪水都高于小王。

事实就是这样，不是小王做得不好，而是小赵能做得更出色。名牌大学的背景并不能让人进步，而优秀的学习能力才是走向成功的关键。可能小王还在沉湎于自己辉煌的过去，而小赵却正在悄无声息地学习，赶超同龄人。事实就是这么残酷，如果你进步缓慢，你就会被身边数以万计的人超过。

人的起点往往不会有太大的差别，关键在于有了这个起点之后你会怎样？是选择不断学习给自己充电还是选择止步不前呢？你的选择会决定你的将来是成功者还是失败者。在人们奋斗的任何领域里，都有同样的教训：今天的胜利轻易就会变成明天的失败。1896年首届现代奥林匹克运动会上马拉松冠军的成绩，只能和1990年波士顿的马拉松比赛入围成绩相提并论。而1990年入围波士顿马拉松赛的人数多达9000人！这正说明了人们的能力是在不断升级的。

凡事不进则退，维持现状不过是虚话。在这个竞争激烈的世界里，周围强者环伺，你的对手、你的同行，无不兢兢业业，日夜精进。他们深深知道，为了取得优势就必须提升自己。如果身边的人一日千里，而我们却选择原地踏步，两相对照，其实等于拱手认输。

在过去，你清楚地知道自己的对手是何许人也，到了今天，你已经不能肯定了。传真机制造商可能没想到过E-mail会成为比传真更简易的沟通方式？又有什么样的新技术正在酝酿之中，日后会让E-mail过时得像一张废纸呢？

仔细想想，你的工作内容在不断发生变化，客户的需求和兴趣在不断发生变化，这一切都要求你不能指望自己一劳永逸地掌握满足需要的知识或经验，你必须能够跟上节奏，不断地给自己充电，不断地学习，就像给自己的电脑升级一样，提高自己各个方面的素质。唯有这样，你才有可能保持良好的竞争力。

朋友所在的小公司被一家法国公司兼并后，公司新总裁就宣布：公司不会随意裁员，但如果员工的法语太差，以致无法和其他员工交流，那么他很有可能被裁掉。公司将通过一次考试来检验他们的法语水平。当其他的员工都涌向图书馆，开始补习法语时，只有一位叫马凯的员工和往常一样没有表现出紧张的神情。其他人认为他可能已经放弃这个职位了。但是当考试成绩公布后，马凯的成绩却是最高的。

原来，马凯自从大学毕业来到这家公司后，就认识到：同别人相比，无论是在知识上还是在经验上，自己都没有特别突出的地方。从那时起，他就开始通过各种形式的学习来实现自我提升。公司的工作虽然很忙，但是马凯依然每天坚持学习新的知识和技能。因为是在销售部工作，他看到公司的法国客户有很多，但自己不会法语，每次与客户的往来邮件与合同文本都要公司的翻译帮忙，有时翻译不在或兼顾不上的时候，自己的工作就要受影响。虽然公司没有明文规定要学法语，但是马凯还是自觉地学起了法语。

对马凯来说，公司被兼并这样的事情显然不是他所能预料的。但是他能够通过积极的学习，增加自己的技能，从而顺利地适用了新任领导的要求。

曾经有人问李嘉诚的成功秘诀,李嘉诚的回答很明确:靠学习,不断地学习!李嘉诚小时候是非常喜欢读书的人,成功后仍然继续学习,尽量去多看新兴科技、财经、政治等有关报道。他还每天晚上坚持看英文电视节目温习英语。李嘉诚从小就喜欢学习,到了香港后,他坚持半工半读。父亲死后,他做推销员时边进修边工作来赚钱养家,他曾深有体会地说:"年轻时代在兴趣的驱使下,如饥似渴地寻求新知识,事实证明当初学习的冲劲,对日后的事业发展有极大帮助。"李嘉诚从创办塑胶企业,到投资房地产、投资股市、入主英资公司,一路都很成功,也许有人说李嘉诚的成功在于幸运、在于机遇,但机遇偏爱有头脑的人,正是由于李嘉诚永不停步的学习,才使得他成为一个人人羡慕的香港超级富豪。

如果你每天花一个小时的时间用来学习你不知道的知识,那么在五年之后,你就会惊讶于它给你的生活带来的影响。

所以,如果你想聚集更多的财富,就必须不停地学习,学习新的知识,学习新的赚钱方式,来升级自己的思维。当然,人的精力有限,你不能指望自己用一生的时间学尽所有的知识。学习那些与你的事业密切相关的知识,这是非常重要的一点。一个研究生要写毕业论文,在确定了题目后,就需要阅读与论文题目相关的书籍。如果他一头扎进图书馆里,不加挑选就开始阅读,很难期望他在规定的时间里写出一篇好的论文。所以说,在升级的过程中也要抓住重点。

我们不断升级自己"版本"的过程就是不断学习的过程。想一想,如果你每年阅读完50本书,就相当于在本领域内获得一个实际的博士学位。世界上平均每个人每年阅读不到一本书，如果你一年读完50本书，十年就是500本书，想想吧，那你将会获得多大的优势呢？

我们要善于从专业人士那里学习。为了让自己提高的速度更快，你应该多参加一些和你的专业相关的讲座、培训或课程。每年努力参加4～5次公司内或社会上的专家讲座，会让你受益匪浅。专家除了授予知识和技能以外，还会有一种成功者的魅力，能够深深吸引你想做一名事业成功者，在潜意识里督促自己去努力。

在学习的过程中，要善于提问。在古希腊时期，埃及港口城市亚历山大拥有全世界最大的图书馆，处于文化艺术发展的鼎盛时期，是世界的知识中心。是什么让它的文明空前繁荣呢？那就是，任何船只，都必须奉上随船书籍供抄录之用，否则不得入港。

我们可以效仿亚历山大古城的做法，向每一个走进你生活的人提问，期望发现新的观点、有用的信息和珍贵的经验，从而丰富你知识的储备。

二十几岁的年轻人还要学会独立思考。成功者提出的问题不断，但对答案并非全盘接纳。信息本身并不具备太多价值，当你不假思索，连别人的结论也一并接纳时，它甚至具有相当的危害性。在你接收信息的过程中，要不断问自己："它和我的前途、行业、生活有什么联系？"仔细验证信息的来源，看你自己是否会得出同样的结论。

坚持不断学习，坚持通过学习提升自己的综合素质，打造一个高配版的自己，你才能赶上社会快速前进的步伐，不会被社会淘汰。

这一次就做好，不要寄望于下一次

静下心来先反省一下：你有没有对自己或者是你的上司说过这样的话——这次没做好，我保证下次一定做好！我想很多人会很纳闷：说过不是很正常的事吗？这次没做好，当然要等下次做好啊！你并没有意识到如果总是把希望寄托在下次，那么你的这次就永远做不好，你已经做的都没做好，怎么还能获得别人的信任呢？一次可以，如果很多次呢？你会有那么多机会吗？所以，永远不要期待下次，争取事事一次做对。

人们之所以喜欢说"下一次"，是因为他们想让自己免于受到别人的批评和自己内心的谴责。这是一种不负责任的表现。这就好比在一场短跑比赛中，如果跑了一半你发现自己跑错了跑道，那你就不可能再有改正的机会了，因为别的人早就跑到你前面了，而且也不会有重跑一次的机会，因为赛场上没有这样的规矩。

当人们说完"下一次我一定能完成、一定能做好"之后，他们常常是继续走在原来的路上。你有没有过这样的经历：你开车前设定了自己的目的地，却不知不觉行驶到别的地方。就拿我来说，原本每天上班是走同一条路线，而最近一段时间，途中因为施工经常导致交通堵塞，于是我有意识地为自己规划了另一条行车路线。然而不幸的是，我还是很多次走上了拥堵的老路。

思维和行为的懒惰让人们不愿意改变自身。大多数人都曾经"痛下决心"说出这样的话："我保证下一次一定做好！"但是刹那之间，这个决定被淹没得无影无踪，下一次做错之后，他们依然重复地说一样的话。如果你不改变你的态度、思想和行动，你的工作还会停留在表面上，结果就是最终走向失败或平庸。

其实很多时候，我们没有把该做的事情做好，根本的原因在于没用心，只做了事情的表面，并没有深入地了解事情的本质，所以事情做不好是在预料之中的。重复做表面工作，只会得到一样的结果，这个道理可以应用到人生的各个层面。

现在的问题是，人们有多少次可以做表面工作的机会呢？其实，很多情况下，你根本没有"下一次"的机会。比如在职场中，当你还来不及说"我下一次一定能做好"的时候，你已经被解雇了。

在某家金融公司工作的罗宾，一直是一位表现出色的员工，颇受上级的青睐。直到一天，罗宾在给上司赶一份重要合约的时候，忽然接到一个电话，原来是他的朋友里奥想约他周末参加郊游活动。罗宾挂掉电话后便心不在焉，他在遐想郊游该有多么快乐，森林、美酒、烧烤、闲谈……他都有些迫不及待了。但是手上的重要合约提醒他停止胡思乱想，罗宾重新投入到工作当中。可是没过五分钟，罗宾又开始想应该准备哪些野餐的食物。就这样，在不断走神中，一份合约起草好了。

交给上司的时候，由于罗宾一直有很稳定的表现，上司大概浏览了一下就签了字，然后合约被寄出。结果是，这份合约上存在一个严重但是很隐蔽的数据错误，导致公司亏损了几十万美金，罗宾因此被直接炒掉，这下子他天天都有时间去郊游了。

那些一向表现突出的人更容易受到别人的赞赏和上司的重用，就因为这样，他们更不容许自己出现错误，因为往往他们一出现错误，造成的后果会更严重，甚至根本就没有机会说"下一次"！

有一个事实是，很多人认为自己并不是在做表面工作，因为他们觉得自己花了很多时间和精力。诚然，具备勤奋的态度是非常重要的，但是还要看是全心投入去做事，还是只是耗费时间和精力去营造认真工作的假象。即使一个人每天、每周、每月都在忙碌，也做了很多事情，但是每件事都没有做到位，其结果还是一个零。因为我们行动的目的就是要实现自己的既定目标，如果每件事都不能做到位，到最后其结果也许与自己的目标会相去甚远。所以，我们不要等到事情没有做好的时候再说"下一次"，而是要把握好这次的机会，一次就把事情做对、做到位，这样一步步积累下来才能真正实现自己的目标。

归根结底，我们不能一次做对的原因还是在于不自信，为什么要等到事情没有做好的时候说"下一次"？而不是在开始做事的时候就说"我一定能做好"呢？在你开始着手工作之前，必须有完成工作的坚定决心。一个很好的建议就是在接受工作任务的同时，跟自己说："我能完成！"或"我肯定能做好！"这样我们一次就把事情做对的概率就会大多了。

杜邦公司的贺利得先生能够从周薪50美元的工作，迅速升至副董事长的职位，不久后又升任公司的董事长和总裁，就是因为他做每一件事都会认真负责到底，他做每件事都会对自己充满信心,所以他从来不会说"下一次",因为现实不会给自己这样的机会。周围人对他的评价是:"贺利得先生是我们的榜样和朋友,他总是能及时发现和解决工作中的问题,让杜邦公司持续前进。"

一个人能把自己的事情做得很好的时候,也更能帮助别人发现不足,从而会慢慢地成为别人的榜样,长期这样,自然会出人头地。

美国前总统杜鲁门的桌子上摆着一个牌子,上面写着"Book of stop here(问题到此为止)"。如果一个人在实现自己梦想的过程中,对待每一件事都是Book of stop here,每次都能完整地完成任务,这样的人将让所有人为之震惊,这样的人将赢得足够的尊敬和荣誉。

闻名世界的美国西点军校,曾诞生了许多成功人士,这些人士在不同的领域得到很好的发展。在1980届学员20年之后的聚会上,你可以见到:一位国会议员、四位白宫工作人员、驻越南和约旦的大使馆武官、一名曾在太空行走过的宇航员、一位心脏外科医生、一位眼科手术医生、一位联邦调查局特工以及诸多首席执行官、医生、大学教授、部长、律师、企业家、工程师、科学家和飞行员。

问起这些西点人,为什么都能取得这么大的成就,他们的答案几乎一致:"在西点,人们只能有一个态度,就是在接受任务的时候对自己说:'I can do it!(我能完成!)'剩下的就是去很好地实现你的任务,每个人都是在争取一次把事情做成功,根本不会有人把希望放在下次。"这个态度让这些人得到了极大的帮助,指引他们取得成就。

"我能完成"是非常有力的一句话。人们相信自己能做什么，就一定可以做到。有人说，世界上除了一些精神失常的人之外，可以实现的事情与真正实现之间的距离其实很小很小，但首要的是他一定要相信自己能行。

　　从自我怀疑的枷锁中挣脱出来，你就能达到期望的高度。没有什么办不到，只要相信自己能行。就这么简单？当然不是。生活中值得获得的东西没有什么是随随便便的。那到底能不能办到呢？要是你不努力，而且不是努力再努力，那你永远也不会完成。短浅的目标很容易命中，可生活中我们不能如此鼠目寸光。世界上最坚不可摧的力量就是相信自己的意志，敢于瞄准远大目标的勇气，以及坚定追寻梦想的信心。相信自己这次能做到最好，永远不要把希望寄托在下次！

不害怕错误，不逃避责任

每一次，当遇到了已经发生的错误，我们究竟应该如何面对？是理直气壮地以年轻的代价为借口，推三阻四地搪塞，不以为然地敷衍？还是知耻而后勇，直面失败地奋起，理智而清醒地面对？每一种态度背后都有不同行为，不同的行为也会带来不同的结局，这对于我们未来的发展起到了至关重要的作用。

其实，每个人在成长的道路上都会犯很多的错误，这的确是成长的代价。世界上绝对没有完美的个人，也绝对不存在不会犯错误的人，其实犯了错误并不可怕，可怕的只是当错误已经发生之后，所采取的不正确的态度。如果我们一味地搪塞，或者简单地敷衍了事，不敢面对自己所犯下的错误，那么类似的错误就会重复地发生，结果我们将会步入作茧自缚的怪圈。但是，如果已经发生的错误能够引起我们足够的重视，引以为戒，并能够亡羊补牢，那么我们就绝对不会两次跨入同一条河流，也一定能够跨越人生的障碍，接近、达到自己心中的目标。

我们来看下面一则小故事：任何一个寺院都会有自己的清规戒律，但即便如此，还是会有些小和尚屡屡犯戒。定一法师所在的这个禅院也是如此，他觉得有必要对这些小和尚予以教诲了。

这一天，刚刚做完日常佛事，僧侣们正要走出禅房时，老方丈定一法师扬手碰落了供台上的一个瓷瓶,摔了个粉碎。众弟子一下愣在那里,不知方丈的这一举动,是有意为之,还是无意所致。

定一法师见这些和尚都在以探询的眼光看着自己,便语气凝重地说道:"非常可惜吧?一把泥土,不知经历了多少工序,经过了多长时间的煅烧,才超脱成珍贵的瓷瓶,被我们摆上了神圣的供桌,成为一件高贵圣洁的法器。如果保存好了,它千百年都不会损坏的,甚至可以永远流传下去。可是,扬手之间,它就坠落于地,一文不值了。同样的道理,一个人,尤其是我们敛德修行的僧人,取得了法号,悟出境界,不是件容易事!你若不珍惜、不自律,堕落起来与瓷瓶无异!"一时间,大家你看看我,我看看你,默默无语。小和尚中有些人忽然有所顿悟,于是合掌跪地,深表忏悔。

其实,故事中所讲的道理是这样的:从打江山到一件普通的瓷瓶,从修身养性到立世扬名,无论是成就一番大业,还是拥有一件珍品;无论是道德品质,还是荣誉名声……无不如老方丈用以警示的瓷瓶一样,永存还是损毁,都取决于长久的珍惜或扬弃的瞬间。

作为二十几岁的年轻人,我们应该如何珍惜我们的人生呢?其实人生是由一步步的阶梯堆砌而成,当我们迈开人生每一步的时候,对于我们来说都是一次选择。我们是珍惜每一次的机遇和机会,紧紧地将机遇和机会握在手中,还是将这些机遇和机会抛弃在一边,屡次犯着重复而幼稚的错误呢?如果我们只是后悔、自责或是惋惜,那绝不可能换来一个我们想要的结局。只有我们从内心深处真正懂得珍惜,懂得珍重我们所拥有的一切,才有可能得到我们想要的人生。态度决定命运，而你的态度决定了你的人生。

那么，我们应该如何面对我们曾经犯过的错误，以及未来可能出现的错误呢？

当我们手中捧着一只盛满水的水杯，由于我们不经意间的错误，使它摔碎了。此时此刻，即使我们再痛心疾首，又能如何呢？水杯中的水还能回到水杯吗？破损的水杯还能成为完好无损的杯子吗？不能，绝对不能。

面对这样的现实，我们不要再寻求任何理由去为自己开脱，我们应该告诉自己：我绝对不能再犯这样的错误，我一定要珍惜另外一个水杯。那么，对于我们来说，错误就只是已经打破的水杯、洒出的水，覆水难收，不给自己找理由掩饰错误，就能帮助我们避免再重复错误。敢于为自己所犯的错误承担责任，并从中吸取教训，我们才能不断地进步，不断地将自己脑中的旧思想丢弃，从而形成创新思维。

一次的错误，那是年轻的代价；两次相同的错误，那是态度的问题，值得商榷；第三次犯下类似的错误，那就是上帝都无法原谅的错误，没有人会原谅这样的人。一而再再而三地重复错误，就不仅仅是态度的问题，还会让人怀疑你的能力和人品。当然，我们每个人都不希望自己不断地倒在同一个障碍下。其实这个"水杯"时刻都在我们心中，只不过我们要问问自己有没有真心地对待它。

做人的道理很简单，如果想让自己不再经受失败的痛苦，那么就请呵护好心灵的"水杯"，勇于去承担自己应负的责任，并且从中吸取教训，绝不让自己重复犯错。

罗斯和钱德新到一家速递公司，被分为工作搭档，然而下面一件事却改变了两个人的命运。

一次,罗斯和钱德负责运送一件昂贵的古董。在交货码头,罗斯把箱子递给钱德的时候,钱德却没接住,古董掉在地上摔碎了。

钱德趁着罗斯不注意,偷偷来到老板办公室对老板说:"这不是我的错,是罗斯不小心弄坏的。"随后,老板把罗斯叫到了办公室,问道:"罗斯,到底怎么回事?"罗斯就把事情的原委告诉了老板,最后罗斯说:"这件事情是我们的失职,我愿意承担责任。"

后来,老板把罗斯和钱德叫到了办公室,对他俩说:"其实,古董的主人已经看见了你俩在递接古董时的动作,他跟我说了他看见的事实。我也看到了问题出现后你们两个人的反应。我决定,罗斯留下继续工作,用你赚的钱来偿还客户。钱德,明天你不用来工作了。"

人们往往对于承认错误和担负责任怀有恐惧感,因为承认错误、担负责任往往会与接受惩罚相联系。有些不负责任的员工在出现问题时,首先把问题归罪于外界或者他人,寻找各式各样的理由和借口来为自己开脱。而在很多管理者看来,这些都是无理的借口,并不能掩盖已经出现的问题,也不会减轻要承担的责任,更不会让你把责任推掉。

美国西点军校认为,没有责任感的军官不是合格的军官,没有责任感的员工不是优秀的员工,没有责任感的公民不是好公民。与其为自己的失职找寻借口,倒不如坦率地承认自己的失职。

敷衍塞责,找借口为自己开脱,会让老板觉得你不但缺乏责任感,而且还不愿意承担责任。没有谁能做得尽善尽美,但是一个主动承认错误的员工至少是勇敢的，如何对待已经出现的问题，能看出一个人是否能够勇于承担责任。

犯了错误必须自己承担后果，不可迁怒于他人，不可推卸责任。二十几岁的我们，还在人生的成长阶段，只有抱着"不害怕为错误负责，勇于从错误中吸取教训"的态度，才能够从错误中成长，从错误中有所得，一步步地堆砌出通往成功的阶梯。

培养卓越的个性风格

世上没有两片完全相同的树叶，同样，人的心理特征也不会完全相同，正像《左传》说的："人心不同，如其面焉。"而"人心"的不同主要是指个性的不同，因为个性是人格心理特征的核心部分。个性风格因人而异，因此，从某种意义来说，塑造个性并非按部就班的行为，首先得对自身有个清楚的认识。无论是男人还是女人，青年人还是老人，名声显赫、功成名就的人还是贫困潦倒、朝不保夕的人，其个性风格都是显而易见的。

个性风格是通过向外界传递信息的方式来表达的，比如说，你的口头禅，你的身体语言，你讲话的语速、表情，你的穿着打扮，你的办公室的布局方式，你走路的速度等等。另外，你在多大程度上封闭感情，是热情活泼还是缄默不语，你做决断的速度有多快，你对变革的反应有多急迫等等，这些同样也是性格的一个表现。

需要指出的是，成功的个性有着不可思议的力量。

我们看到生活中有这么一些人，他们总能以自己满腔的热情深深打动别人，其他人无论在理智上还是在情感上，都会被他们吸引，而且这种吸引力是那样强大，甚至会让人在不知不觉中去为实现他们的目标而效力。

那么他们的这种卓越的个性是怎样来的？究竟是什么因素让他们充满了吸引力？难道仅仅是因为他们善于表达吗？要不就是他们在待人接物方面有着天生的亲和力？再或者是他们在设法引人注目方面有着秘诀，而正是这些秘诀使得我们围着他们团团转？

确实，以上都是原因，但仅仅是部分原因，更科学的说法是，他们具有独特的"个性魅力"。所谓魅力就是这样一种能力，它是由你的个性所决定的，通过在身体上、情感上及理智上与他人的相互接触，对他人产生积极的影响。个性魅力包括以下几个要素。

1. 无声语言

无声语言是一种信号，是你在不知不觉中向周围人发出的一个眼神，说话时不经意间的动作，耸动肩膀的样子，或者是一个不自然的笑容，一次不热情的握手，甚至是穿着不甚得体。所有这些都会形成我们的"无声语言"，即你的"形象"。

2. 表达能力

也许我们有很不错的想法，但是，如果不把它说出来，又有谁会知道呢？如果你不把它恰当地说出来，又有谁会赞同呢？

3. 聆听技巧

对于那些没有受过很多教育或训练的人来说，多听也是一把交流的钥匙，它同样会使人觉得耳目一新。

4. 说服技能

这是一项鼓励人们接受你的领导或采纳你的意见的技巧。一个再正确、再伟大的观点，如果不被认同、采纳，也等同于零。

5. 运用时空的能力

同样，这一点也常常被人忽视。事实上，时空的运用，既能促进人际关系，也能破坏关系。

6.适应他人的能力

不了解他人的风格，却又想与之交往，这是不可能的。所以，为了建立良好的人际关系，努力提高你的行为的适应性，才能与他人交往。

7.重要见识

也许我们是一个强有力的雄辩者，也许我们在建立人际关系上有很大能耐，也许我们在形象、聆听和利用天时地利方面做得出色，但如果我们没有什么好东西可说，我们始终是一个空架子。

很少有哪个人的个性天生就是毫无缺陷的，但是对于自己的个性缺陷如果不努力加以抑制和完善，不进行有意识的"性格改造"，那么，失败的个性沉淀下来，趋于定型，就会给自己的生活、工作等带来失误，甚至因此走向失败的人生。小说《三国演义》清晰地显示了个人性格品质上的缺陷同胜败之间的关系：袁绍"多端寡要，好谋无决""外宽内忌，用人疑之"，结果兵败官渡；吕布有勇无谋，白门楼束手就缚；周瑜气量窄小，结果三气而死；关云长性格骄傲，"大意失荆州"；张飞生性鲁莽，被部下范疆、张达砍下头颅；司马懿多疑，被诸葛亮空城计所迷惑……的确，金无足赤，人无完人，但是用"个性是天生的""江山易改，禀性难移"来原谅自己或宽恕自己，都是不对的，因为个人性格品质的形成，不仅与先天有关，而且是同后天的修炼分不开的。

因此，在这样一个个性生存为主流的时代，我们应当塑造自己的卓越个性，这样你就会更好地了解和把握自己，朝着可以进一步改善你与他人的关系的方向努力，提高你的工作效率、改进工作能力、拓展职业眼界。

印度有一句谚语："播种行为，收获习惯；播种习惯，收获性格；播种性格，收获命运。"人不能选择命运，但命运不是固定的。人无法选择自己的出身，也无力改变所处的环境，但人可以改变自己的思想。受到挫折时，你可以选择屈服，从此放弃努力，过甘于平庸的生活；也可以选择不放弃而坚强走下去，最终获得充实而成功的人生。可以看出，只有把握自己的性格，才能真正掌握自己的命运，决定自己的人生。

一个人如果坚强、勇敢、自信、宽容、谦虚，比那些怯懦、自卑、自私、自大的人，成功的机遇和可能要大得多。卡内基有一个著名的论断：一个人的成功85%归于性格，15%归于知识。在一个人的成功中起决定性作用的因素是性格、意志情绪与非智力因素，而不是智力的知识。美国斯坦福大学一位教授曾经几十年如一日地长期跟踪研究了1 000多名智商在140分以上的天才儿童。在研究中，他比较了这些人中最有成就的150人和成就最低的150人。他们在智力上相差无几，而能否取得成就的原因主要在于性格特征的差别：自信或不自信，自卑或无自卑，坚毅或不能坚持，是否有适当的适应能力和实现目标的动机等。可见，我们自己是成功的主宰者，个性决定了命运。

之所以强调二十几岁的年轻人要注意培养成功者的个性，是因为个性具有很大的可塑性。良好个性的形成更离不开个人的主观努力，形成良好的个性需要我们从小事做起，从现在做起，从身边做起。比如，如果你认为自己不够关心别人，那么当你看到别人遇到困难时，主动地伸出你的手，尽你力所能及去帮助他们，这样一来，你就能逐渐养成乐于助人的个性。无论在学习或生活中，在困难与挫折面前你都要提醒自己坚持下去。既然认定是应该做的事，就要毅然决定，义无反顾，这样的人，个性怎会不刚毅？以宽容之心对待朋友，以严格之心要求自己，不断地播下个性的种子，最终创造生命的辉煌。

如果说个性生存的理论让我们第一次这么清晰地认识了自己，深刻地领悟到：命运实际掌握在我们自己手中，那么同时，我们还必须找到培养我们卓越个性的最佳途径，这样我们所做的一切才不是纸上谈兵，而是在现实生活中切实可行的。

《忏悔录》中有句名言："上帝造了我，然后把模子打碎了。"也就是说我们从出生就有自己的优点和缺点，没有整齐划一的方法能为我们创造奇迹。只有我们意识到自己的独一无二，在同一所学校上课，在听同样的老师讲同一门课程，却往往获得不同成绩，我们天生就有着与兄弟姐妹不同的组合特征。因此，个性塑造并非是千篇一律地要将人们的种种个性都熔进一个模子里，使人人都一模一样。相反，我们是要提出人们个性的基本点、共同点，在人们知道自身、了解自身个性之后，去完善与提升自己的个性。我们能做的仅仅是帮你奠定好个性的基石，帮你建构优良的个性架构，剩下的，靠你在生活与工作中自己去完善。

良好的个性风格除了能够让我们在职场与人生中表现更卓越，还能够帮助我们处理好人际关系，成为一个受人喜欢的人。当然，这也需要一点小技巧。

我们发现那些善于处理人际关系的人都有一个共同特点——在行动时，始终抱着如下想法：确信自己肯定是能受大家欢迎的。正因为如此，他们行动起来就好像真受到周围人们的欢迎。

讨人喜欢的人，就是不仅喜欢任何人，而且能落落大方地与任何人打交道。除去处于特殊状态的人之外，绝大多数人都希望交上知心好友，而不希望成为一个孤家寡人，因为绝大多数人都有归属的需要。一个人如果老是担心对方也许不愿意与自己交朋友，那么他就可能得不到任何人的喜欢。所以，相信对方会喜欢自己是塑造成功个性的法则，只要自己首先向对方友好，通常都能换来对方同样的友好。

不过在获取对方承认方面如果操之过急，对方反而对你敬而远之。另外，有时出现这种情况：一个人越是想吸引人，越是惹人生厌。

比如，搞好人际关系是一门很深的学问，也是一门艺术。你如果过分热情、过分执着地想与对方亲近，并且一个劲儿地取悦对方的话，对方有时反而感到别扭，或者怀疑你是否在装模作样。你给对方的印象如果是无论如何想与对方亲近，并且从而表现出焦躁不安的话，对方很容易对你产生戒心。急于寻求友情的人，是肯定要碰壁的。因为他们总是担心对方不喜欢自己，或者不敢做自己所期待的事情，总是担心对方嫌弃自己，而这些担心和怀疑，对方总是能够感觉到。所以，最好是在轻松愉快的气氛中，心情舒畅、面带笑容、充满自信地与他人建立关系。

总之，个性是我们生存的关键元素之一，培养出卓越的个性，你就会本能地知道对与错之间的差别，你将会成为一个相对很成功的人，被人信任，你的话就是你的契约。你的人性美将因你的个性而发挥至极限。

第二章

发现习惯的力量,建立一生受益的行为模式

阅读是准入门槛最低的高贵举动

有思想的人容易寂寞，幸好我们有书可读。

系山英太郎，一位在日本政商界呼风唤雨的显赫人物，30岁即拥有了几十亿美元的资产；32岁已成为日本历史上最年轻的参议员。2004年《福布斯》杂志全球富豪排行榜上显示，系山英太郎个人净资产49亿美元，排行第86位。他的赚钱秘诀何在呢？系山英太郎回答道："阅读、学习是制胜的法宝。"

读书，不仅是提升你的人生境界、开阔你的视野、增加你的智慧的有效途径，更是为我们独一无二的灵魂寻找伴侣的良方。所以，我们更要加入读书的行列，拥有充沛精力的我们不要把读书当成一种形式，而要当成一种习惯。打开书之前，你也许还觉得无助，但是关上书本，你会发现自己得到了重生。

当代作家严文井说："读书，人才更加像人。"书是人类经验的车船，就像培根描述的那样："如果船的发明被认为十分了不起，因为它把财富、货物运到各处，那么我们该如何夸奖书籍的发明呢？书像船一样，在时间的大海里航行，使相距遥远的时代能获得前人的智慧、启示和发明。"

但是在这个快节奏的时代中，很多人都不再看书，他们抱怨没有时间来阅读或者抱怨学习的环境太差，其实这都是非常拙劣的借口。读书跟环境和时间没有关系，关键在于你有没有养成阅读的习惯。

我们要学习白岩松那样的读书习惯。说出来大家也许不信，白岩松每天最少有两三个小时是专门用来阅读的。他的阅读分成三个层面：第一是每天为工作而阅读，第二是为职业而阅读，第三则是为自己而阅读。他觉得，除了需求阅读、职业阅读，还需要一种与时代无关的阅读，而这种阅读才是最重要的。

今天，对于年轻人来说，应该阅读与自己专业相关的书，那样可以使自己把手头上的活儿做得出类拔萃；而如果连一本有关生命意义的书也不看，那样我们会渐渐失去做人的深度。

总之，读书可以使人明心、清脑、益智、养气。明心指读书可以开阔人的心胸，涤荡人的灵魂；清脑指读书可以拓宽人的思路，开阔人的视野；益智指读书可以增长人的智慧和才干；养气则指读书能陶冶人的情操，提高人的自身修养和气质。

二十几岁的年轻人，必须要求自己每天阅读半小时。滋润心灵的精神食粮，永远不会嫌多。

当然，读书也是讲究方法的。

1. 博采众长

读书需要广涉群科、博采众长。宽打基础窄打墙，是读书方法之一。一个人要想在某一个领域有所建树，博通是必行之路。科学和艺术看来是相距甚远的领域，可也有许多相通之处。诺贝尔奖获得者格拉索在回答"如何才能造就好的科学家"的提问时答道："往往许多物理问题的解答并不在物理范围之内。涉猎多方面的学问可以提供广阔的思路，如多看看小说，有空去逛逛动物园也会有好处，可以帮助提高想象力，这和理解力、记忆力同样重要。假如你未看过大象,你能凭空想象得出这种奇形怪状的东西吗?对世界或人类活动中的事物形象掌握得越多,越有助于抽象思维。"

2. 莫做书奴

书,本应是人的奴仆,为人所用。可有的人却成了书的奴隶,这不能不令人痛惜。不顾实际、死啃书本的人,只能算作书奴,他读书越多,就会变得越痴呆,受书之害也会越深。因此,要善于驾驭书本,居高临下地读,而不要将自己埋进书本之中,被书淹没。你应占有书本,而不能被书本左右、被它占有。

3. 择优而读

读书,需要选择。试想:一个经常在阅读沉思中与哲人、文豪倾心对语的人,与一个只喜爱读凶杀、言情故事和明星花边轶闻的人,他们的精神空间是多么不同!二者显然生活在两个不同的世界中。

在茫茫书海中,我们要力求寻觅上乘之作、经典之作,要多读名著,多读"大书"。所谓经典名著、"大书",需要经过时间的沉淀和筛选。一些社会学家曾做过统计,其结论是,至少要经过二十年的阅读检验而未曾沉没,这样的著作方有资格称为"经典""名著"。

择优读书,需要一种选择、琢磨功夫。我们应汲取前人的经验,将读书效率提高一个层次。关于读书择优之理,德国哲学家叔本华早就指出:"要坚持宁缺毋滥的原则,拒绝坏书。应该去读那些伟人的或已被事实证明是好书的名著。"只有这样,才能真正称得上开卷有益。

大文学家高尔基说:"书籍是人类进步的阶梯。"我国宋代文学家苏轼也曾说过:"腹有诗书气自华。"可见,读书对人类社会的进步、对个人的发展是多么重要。古人亦云"宁可三日食无肉,不可一日居无书",说的也是这个道理。

立即行动是所有成功者共同的习惯

有一份调查报告说，60%的人目标模糊，27%的人没有目标。一个人若长期没有生活目标，得过且过，自然会对生活感到厌倦，容易精神疲乏，甚至造成忧郁、焦虑等病症，要走出这种困境，首先应为自己订立生活目标。但每个人的条件各异，怎样制定适合自己的生活目标呢？

每天结束后填写回顾、分析日记，给自己制定合理的行动目标，既能使你摆脱不愿活动和不想做事的处境，又能给你带来活动后的满足，逐步消除懒怠与内疚。

目标首先要切实可行。有位因车祸而致残的年轻人问心理学家："你认为我还有前途吗？"心理学家回答道："如果你想当个跳高运动员的话，那是没有前途了；如果你想做个有作为的人的话，那就还大有前途。"就这位不幸的年轻人而言，他合理的生活目标，已经在意外中突然改变了。如果以当运动员为生活目标的话，那他一定会非常地忧虑，因为他再也不能像正常人那样运动了。所以对这样的人而言，重新建立合理的生活目标，找一个适合自己而又喜欢的工作，会增加对自身能力的信心，会因看到希望和前途而重新振作起来。

有了可行的目标要迅速行动起来。佩恩说："一个人，正如一个时钟,是以他的行动来定其价值的。"大部分的人不是做不好,而是不去做,他们都太喜欢拖延了,这是导致失败的最大恶习。不行动,怎么可能会有结果呢?

有些年轻人想成功、想赚钱、想弄好人际关系,可是从不行动;想健康、有活力、锻炼身体,可是从不运动;知道要设目标、定计划,但从来不去做,就算设了目标、定了计划,也不曾执行过;知道要早起、要努力,可就是没有行动力;知道要推销,可是从不拜访顾客。就这样,很多人一天一天抱着成功的幻想,染上失败者的恶习,虚度着光阴。

每一个成功人士都是行动家,不是空想家;每一个赚钱的人都是实践派,而不是理论派。因此,想成功就要从现在起养成马上行动的好习惯。

马上行动是一种习惯,是一种做事的态度,也是每一个成功者共有的特质。

无论什么事情一旦拖延,你就总是拖延,但你一旦开始行动,通常就会一直做到底。所以,凡事行动就是成功的一半,第一步是最重要的一步,行动应该从第一秒开始,而不是第二秒。

从早上睁开眼睛那一刻开始,你就马上行动起来,一直行动下去,对每一件事都要告诉自己立刻去做。坚持下去你会发现,你每天都充满了行动力,这样持续三个星期,你可能就养成了马上行动的好习惯了。

所以,看到这里后,如果你有什么目标就不要再想了,再想也没有用,马上行动吧!

是什么妨碍了我们在工作中取得成就?一位自我管理专家在回答这个问题时说:"如果拿这个问题来问大多数经理人,我们听到的回答几乎千篇一律：时间不够用，物力、财力等资源不足，找不到机会。但是，如果你对他们进行更深入地了解，就会发现这些大都是借口。"

有人在五年中对数百名经理进行了跟踪，研究他们如何处理日常工作，结果发现，足足有90%的人没有有效地利用时间，他们把力气耗费在了一些无谓的事情上。尽管这些经理人有着明确的目标和界定清晰的职责范围，他们的知识也足以使其胜任工作，但他们还是陷入了低效的泥淖不能自拔。之所以会产生这种现象，完全是因为经理们的错误认识造成的——他们以为必须要等条件齐备才能行动，却不懂他们最应该做的其实是一边行动，一边寻找和凑齐所需的条件。

曾经有人对社会上的成功者做了一项调查，发现他们有一个共同品质，那就是只要他们认定了一件事，无论会面临多大的困难，他们也会立即行动、从不拖延，没有条件就创造条件，孜孜不倦地朝着心中的目标进发。

所以，如果你现在有一个梦想或者目标，就积极行动起来吧！一旦你已经开始行动，那么继续前进就不那么困难了，即使是看起来很棘手的事情也总有办法解决，千万不要等待和拖延，这样只会使你觉得困难越来越大，越来越可怕。行动起来，在行动中解决问题，一步步走向成功。

独立是年轻人成长中最重要的一课

美国石油家族的老洛克菲勒,有一次带他的小孙子爬梯子玩,可当小孙子爬到不高不矮(不至于摔伤的高度)时,他原本扶着孙子的双手立即松开了,于是小孙子就滚了下来。这不是洛克菲勒的失手,更不是他在恶作剧,而是要小孙子的幼小心灵感受一下:做什么事都要靠自己,就是连亲爷爷的帮助有时也是靠不住的!

抛开拐杖,自立自强,这是所有成功者的做法。其实,当一个人感到所有外部的帮助都已被切断之后,他就会尽最大的努力,以最坚韧不拔的毅力去奋斗。而结果,他会发现,自己可以主宰命运的沉浮!

待在家里总是得到父母帮助的孩子一般都没有太大的出息,就是这个道理。而当他们不得不依靠自己,不得不动手去做,或是在蒙受了失败之辱时,他们通常能在很短的时间内爆发出惊人的能力来。

被迫完全依靠自己、绝没有任何外部援助的处境是最有意义的,它能激发出一个人身上最重要的潜能,让人全力以赴。就像十万火急的关头,一场火灾或别的什么灾难会激发出当事人做梦都没想到过的一股力量。危急关头,不知从哪儿来的力量为他解了围。他觉得自己成了巨人，他完成了在危机出现之前根本无力做成的事情。当他的生命危在旦夕，当他被困在出了事故、随时都会着火的车子里，当他乘坐的船即将沉没时，他必须当机立断，采取措施，渡过难关，脱离险境。

一旦人不再需要别人的援助，自强自立起来，他就踏上了成功之路。一旦人抛弃所有外来的帮助，他就会发挥出过去从未意识到的力量。如果我们决定依靠自己，独立自主，就会变得日益坚强，距离成功也就越来越近，具体表现如下：

1. 遇事不再等别人拿主意，自己设计、自己决断；

2. 发表言论，不再附和别人的见解，而能表达自己独到的见解；

3. 不再追赶时尚，有领导潮流的勇气；

4. 不再总是看别人怎样穿衣、怎样走路，而是有自己的穿法、自己的姿势和感觉；

5. 困难面前，不再等待别人的援助，而是自己想办法克服，挺过去；

6. 经常有意把自己置于一个孤立无援的绝境，锻炼自己掌控命运的能力。

其实，脱离对别人的依赖，独立地发展和锻炼自己，扔掉拐杖，走出成长的误区，并不是一件非常困难的事情。因为别人能够做成的事，自己也定能做成。

以下是关于如何摆脱依赖的建议。

1. 依赖自己，而不是依赖别人、依赖组织、依赖亲人。一切都靠自己去奋斗、去争取。只有一切依靠自己，才能获得真正的成功。

2. 消除身上的惰性。依赖心理产生的源泉，在于人的惰性。要消除依赖心理，先要消除身上的惰性。要消除惰性，就得锻炼自己的意志。处理事情的时候，要果敢向前、说做就做、该出手时就出手；还得有灵活的头脑，要善于思考、勤于思考。

3. 要有独立意识，要自己替自己做主。即时时想到，只有自己劳动所得的成果，才是真正属于自己的；只有享受自己的成果，才会有真正的快乐。

4. 要从小事做起。每天认真反思自己的所作所为，一步一个脚印地去做。任何事情都是这样，不可能一下子就做成，需要慢慢地起步，一步步地积累，最后才能做成。就像是跳高，总需要先慢慢跑几步，然后再快速跑，最后才起跳。

控制了依赖心理之后，一个人才会找到自己的生活目标，找到生活的方向，从而获得事业的成功。而且，只有靠自己取得的成功，才是真正的成功。

珍惜时间，你的时间会越来越有价值

时间管理对一个人的成功来说是非常重要的关键因素，如果我们想要成功，就必须让我们的时间管理做得更好。要把时间管理好，最重要的就是做好以结果为导向的目标管理。

首先，你现在对于时间的心理概念是怎样的，你要有把事情做好、时间管理好的强烈欲望，并努力达成做好时间管理的目标。时间管理是一种技巧，观念与行为有一段差距，必须经常地去演练，才能养成良好的习惯，不断坚持直到运用自如。

其次，只有将时间管理好，才能够实现自我理想，建立自我形象，进一步提升自我价值。每个人若能每天节省2小时，一周就至少能节省10小时，一年节省500小时，则生产力就能提高25%以上。虽然每人每天都拥有24小时的时间，但成功者单位时间的生产力明显地较一般人高。

最后，你要明确，要成就一件事情，一定要以目标为导向，才能把事情做好。把握现在，专注今天，每一分、每一秒都要好好把握。想要做一个工作高手，有两个关键：第一是工作表现，要有能力去完成工作，而非只强调努力与否；第二是重视结果，凡事一定要以结果为导向，做出成果来。将时间管理好，能让人更满足、更快乐、赚取更多的财富，自我价值亦更高。

现在来看一下你的时间是如何使用的。

记录自己的时间，目的在于知道自己的时间是如何耗用的。为此，要记录时间的耗用情况。要用精力最好的时间做最重要的事。精力最好的时间，因人而异。每个人都应该掌握自己的生活规律，把自己精力最充沛的时间集中起来，专心去处理最费精力、最重要的工作，而不是常常把最有效的时间切割成无用的或者低效率的零碎时间。找到无效的时间，首先应该确定哪些事根本不必做，哪些事做了也是白费功夫。凡发现这类事情，应立即停止这项工作；或者明确应该由别人干的工作（不必由你干以及别人干比你更合适的工作）则交给别人去干。其次还要检查自己是否有浪费别人时间的行为，如有，也应立即停止。一定要避免浪费的时间，因为时间毕竟是个常数，人的精力总是有限的。

分析一下自己的时间都用到哪里去了，是时间管理的第一步。

惠普公司总裁柏拉特就把自己的时间规划得很好。他花20%的时间和客户沟通，花35%的时间参加会议，花10%的时间接电话，花5%的时间看公文。剩下来的时间，他花在一些和公司无直接关系，但间接对公司有利的活动上，例如业界共同开发技术的专案、总统召集的关于贸易协商的咨询委员会等。当然，他每天也留一些空档时间来处理突发情况，例如接受新闻界的访问等。这是他与他的时间管理顾问仔细研究讨论后得出的最佳安排。

对照一下，你是否有时间管理不良的征兆？看看你是否有以下这些问题：

1. 你是否同时进行着许多个工作方案，但似乎无法全部完成？

2. 你是否因顾虑其他的事而无法集中心力来做目前该做的事？

3. 如果工作被中断你是否会特别震怒？

4. 你是否每天回家的时候累得精疲力竭却又觉得好像没做完什么事？

5. 你是否觉得总是没有什么时间做运动或休闲，甚至只是随便玩玩也没空？

对这些问题，只要有两个回答是"是"的话，那你的时间管理就出了问题。

有效的个人时间管理必须对生活的目的加以确立。先去"面对"并"发现"自己生活的目标在何处，问问自己："为什么而忙？""到底想要实现什么？完成什么？"问自己这些问题不是很舒服的事，但对自己的生活却颇有启发作用。接下来应要求自己"凡事务必求其完成"，未完成的工作，第二天又回到你的桌上，要你去修改、增订，工作就得再做一次。

你是否了解下面一些时间管理的原则呢？

第一，设定工作及生活目标，排好优先次序并照此执行；

第二，每天把要做的事列出一张清单；

第三，停下来想一下，现在做什么事最能有效地利用时间，然后立即去做；

第四，不做无意义的事；

第五，做事力求完成；

第六，立即行动，不可等待、拖延。

放下自卑，充满自信成长

在充满竞争的社会里，成功是人人向往和追求的，人们会列出成功者的诸多因素：知识、能力、经历、胆识、运气、毅力等，但是最不能忽略的一点，就是自信心。

自信的心态比什么都重要。自信的人对自己的能力充满信心，相信通过自己的努力一定能够实现既定的目标；他们相信自己对于社会和他人的价值，也相信自己一定会受到别人的重视；他们相信自己是独特的人，不是可有可无的人，他们尊重别人，也相信能受到别人的尊重和爱护。

与自信正好相反，自卑是一种消极的自我认识和一种消极的人生态度。自卑的人在遇到问题时往往无所适从，总是觉得自己不如别人，不相信自己有能力处理好所面临的问题，甚至破罐子破摔，自暴自弃。

研究发现，每一个人在幼儿时期都有过自卑的经历，因为他们不依赖成年人就无法生存，这种依赖总是建立在成人的强大与他们的弱小而形成的巨大反差上。但是，儿童并不永远自甘于这种依附的地位，正如个体心理学大师阿德勒所言，"所有的儿童都有一种内在的自卑感，它刺激儿童的想象力并诱发儿童试图去改善个人的处境，以消除心里的自卑感。"

这就是著名的自卑补偿法。也就是说自卑有巨大的补偿作用，对于那些具有深深的自卑感的人来说，自卑有时有如一盏指路明灯，亦是一种巨大的精神鼓舞。

在日常生活中，有很多"自卑补偿"的例子。如双目失明的人会全力发展他的听觉和触觉；下肢残疾的人会全力发展他的上肢；聋哑人会全力发展他的肢体表达能力。阿德勒认为，一个人的缺陷感越大，自卑感越重，就会越敏感，个体寻求补偿的愿望也就越迫切，因此孱弱的儿童往往比身体健康的儿童更好胜。

古希腊最伟大的政治家、雄辩家狄摩西尼出生于雅典的一个富裕家庭。不幸的是，他的父亲在他7岁那年去世了。随着父亲的去世，不幸接踵而至——母亲改嫁，巨额的家产被监护人侵吞，一夜之间，他从一个天之骄子沦为一个一贫如洗的孤儿。

狄摩西尼本来就天生口吃，加上因为家庭破裂的原因，他一直没有受过良好的教育，成年后，他的口吃越发严重。长大以后，狄摩西尼了解到自己家庭的真相后决心向法庭提出诉讼，讨还被夺取的家产。可是，由于他没有能力在法庭上清楚、流利地陈述自己的意见，只好暂时放弃。

换了别人，可能会由此感到深深的自卑，向命运屈服。但狄摩西尼却选择了向命运挑战，向自己的生理缺陷挑战。据说，他为了战胜自己的口吃，每天要大声诵读100多页的文章，站在海边含着石子迎风练习辩术。最后，他战胜了自我，不但讨回了自己的家产，还成了雅典著名的演讲家，使常人眼里不可能的事情成为现实。

他常在公民大会上凭借自己雄辩的口才发表政治演讲，得到了人们热烈的拥护。作为雅典民主派的领袖，狄摩西尼领导雅典人民进行了近30年的反对马其顿侵略的斗争。在马其顿入侵希腊时，狄摩西尼发表了动人的演说，谴责马其顿王腓力二世的野心。他被公认为历史上最杰出的演说家之一。

狄摩西尼故事的意义在于，当厄运快要扼住你喉咙的时候，你选择了自卑和屈服，就等于选择了100%的失败；你选择了自信和抗争，可能就争取到了那0.01%的希望。自信与自卑只有一字之差，但带来的结果却会有天壤之别。

其实人人都会有自卑，适度的自卑感是个人取得成就的主要推动力：在人际链上，几乎每个人都处于一种比上不足比下有余的位置，与上面的人相比，他感到自卑，于是，一种要求补偿的动力会推动他去奋斗；当他达到补偿与"卑劣地位"的平衡后，他又处于人际链的一个新的节点上，这时若与别人更大的成就相比，又会使他产生自卑感，从而又激发他去争取更大的成就。

这种不断要求补偿的动力，正是"人类地位之所以增进的原因，我们人类的全部文化都是以自卑感为基础的"。

自卑感之所以成为个体发展的动力，是因为每一个个体身上都潜藏着与生俱来的追求优越的向上意志。而追求优越是每一个人的基本动机，它是生活本身的一种固有的需要，从"低"到"高"的欲求也永无休止。正因为每一个个体身上都有着这样一种与生俱来并与生长过程并驾齐驱的基本动机，因而自卑感才成为个体不断弥补不足、不断进取、不断超越的潜在动力。

因此，自卑是一个不能随意就给定性的东西，无所谓好，也无所谓坏，关键是自卑向何处发展。如果自卑感在成人以后的生活中一直延续下去，让人走向意志消沉、不思进取、甘于落后、自暴自弃，这时正常的自卑感就变成了"自卑情结"，自卑情结对于个体的正常生活和发展是一种障碍。但是，只要自卑感不变成自卑情结，那么，它就会推动个体去追求补偿，因而对于个体的发展就是一种激励。

所以，有自卑感并不可怕，只要个人始终努力克服自卑，追求优越，自卑就会转化为自信。不然，自卑就会向自弃、自毁和自灭的方向发展。

自卑心理多产生于畏惧，对社会，对未知事物的不确定。要想征服畏惧，彻底战胜自卑，不能夸夸其谈，止于幻想，而必须付诸实践，见于行动。建立自信最快、最有效的方法，就是去做一些自己不敢尝试的事，直到获得成功为止。

1. 永远挑前面的位子坐

在各种形式的聚会中，在各种类型的课堂上，后面的座位总是先被人坐满，大部分占据后排座位的人，都希望自己不会"太显眼"。而他们怕受人注目的原因就是缺乏信心。

坐在前面能建立信心。因为敢为人先，敢在人前，敢于将自己置于众目睽睽之下，就必须有足够的勇气和胆量。久而久之，这种行为就成了习惯，自卑也就在潜移默化中变为自信。另外，坐在显眼的位置，就会放大自己在领导及老师视野中的比例，增强反复出现的频率，起到强化自己的作用。把这当作一个规则试试看，从现在开始就尽量往前坐。虽然坐在前面会比较显眼，但要记住，有关成功的一切都是显眼的。

2. 自言自语肯定自己

自言自语在心理学中，可是重要的信心建立方法。每天只要独处、走路时，可以小声对自己说话，说些什么呢？当然不外乎"我真的很棒""我一定是最美的""我最聪明""我总是能解决所有问题"等。

这种做法有三个地方一定要注意：第一，用第一人称叙述，也就是都用"我"如何如何，而不是"你"；第二，所有句子都是肯定句，没有否定句、疑问句；第三，一定要说出口，不能只是心中默想，不论声音大小，每个句子都必须说声音，默想的效果不仅不佳，也达不到坚定信心的目的。

3. 改变行走的姿势与速度

许多心理学家认为，人们行走的姿势、步伐与其心理状态有一定关系。懒散的姿势、缓慢的步伐是情绪低落的表现，是对自己、对工作以及对别人不愉快感受的反映。倘若仔细观察就会发现，身体的动作是心灵活动的结果。那些受打击、被排斥的人，走路都拖拖拉拉，缺乏自信。反过来，改变行走的姿势与速度，有助于心境的调整。要表现出超凡的信心，走起路来应比一般人快。将走路速度加快，就仿佛告诉整个世界："我要到一个重要的地方，去做很重要的事情。"步伐轻快敏捷，身姿昂首挺胸，会给人带来明朗的心境，会使自卑逃遁，自信陡生。

4. 练习当众发言

在大庭广众之下讲话，需要巨大的勇气和胆量，这是培养和锻炼自信的重要途径。在我们周围，有很多思路敏锐、天资颇高的人，却无法发挥他们的长处参与讨论。其实不是他们不想参与，而是缺乏信心。

在公众场合，沉默寡言的人都认为："我的意见可能没有价值，如果说出来，别人可能会觉得很愚蠢，我最好什么也别说，而且，其他人可能都比我懂得多，我并不想让他们知道我是这么无知。"这些人常常会对自己许下渺茫的诺言："等下一次再发言。"可是他们很清楚自己是无法实现这个诺言的。每次的沉默寡言，都是"缺乏自信"这一毒素的又一次发作，都会使他愈来愈丧失自信。

从积极的角度来看，如果尽量发言，就会增加信心。不论是参加什么性质的会议，每次都要主动发言。有许多原本木讷或者口吃的人，都是通过练习当众讲话而变得自信起来的。

5. 敢于正视别人

眼睛是心灵的窗口，一个人的眼神可以折射出性格，反映情绪，传递出微妙的情感。不敢正视别人，意味着自卑、胆怯、恐惧；躲避别人的眼神，则折射出阴暗、不坦荡的心态。正视别人等于告诉对方："我是诚实的，光明正大的；我非常尊重、喜欢你。"因此，正视别人，是积极心态的反映，是自信的象征，更是个人魅力的展示。

6. 放大自己最得意的照片

热爱自己是获得幸福生活的先决条件，而讨厌自己则会感到生活非常痛苦。热爱自己的方式多种多样，充分利用自己的照片就是其中之一。

你的影集里一定收藏了很多照片。你可以从中找到许多不同的自我。当你看到最不喜欢的表情时，可能会被一种低沉的情绪和随之而来的寂寞感所控制。这时，你就该另辟蹊径，去把你最中意的照片找出来并认真注视它，然后你可能立刻又会产生一种慰藉感，而且越看越兴高采烈。这时也许你会情不自禁地自言自语道："你看这小伙子多帅，肯定是个有用之才。"

每天都去欣赏你最喜欢的照片，你就会得到一些极有益的启示。把你最得意的照片挑选出来，把它们放大后装入金边相框里，然后挂在屋中最显眼的地方。每当你看到它时，你的心中就会条件反射出一个明快、健康的自我，就会觉得信心百倍、干劲冲天，敢于向一切困难挑战。

不轻视小事，把每一件小事做到位

在二十几岁的时候，我们很多人每天都在焦躁地等待，等待着被委以重任，来施展自己的抱负、尽显自己的才华，不希望庸庸碌碌、平平凡凡地了此余生。但是，当每一天我们所做的依然是些微不足道的小事时，我们开始自怨自艾、怨天尤人。对待平凡琐碎的工作，缺少热情，敷衍了事。殊不知，机会就在这些无谓的叹息中悄悄地溜走了。

"每个人所做的工作，都是由一件一件的小事构成的……所有的成功者，他们与我们都做着同样简单的小事，唯一的区别就是，他们从不认为他们所做的事是简单的事。"这是《没有任何借口》中的一段话，听来平实无华却意味深长。其实，人生就是由这许许多多的微不足道的小事构成的。

所以，平日工作中，不要轻视你身边的任何一件小事，即便是再简单不过的工作，也要把它做到完美、极致。在认真做好每一件小事的过程中，会提升你的工作能力，调整你的工作态度，继而获得领导和同事的认同和肯定，你良好的个人形象也会在潜移默化中形成。

对日本人来说，泡茶招待客人是一个重要的仪式。如果泡的茶不好喝，客人常会直接推断这个公司一定管理不好，所以泡茶事小，却是重要性很高的工作。

有一位大学毕业的少女，非常向往记者的工作，于是去报考新闻机构。她被录取了，但是，由于没有记者的空缺，主管叫她暂时做一些为同事泡茶的工作。作为一个满怀梦想的大学生，只为大家泡茶，心里当然非常失望。不过，想到公司也不是有意轻视她，待遇也不错，就安慰自己不用急，将来还是有机会的。于是，坦然去上班，每天为同事泡茶倒茶。

三个月过去了，她开始沉不住气了。心里总是抱怨："我好歹也是个大学生！却来天天为你们泡茶。"这样一想，她泡茶就不像从前那样愉快，泡出来的茶，也就一天不如一天了，但她并未察觉。

又过了一段时间，有一天她泡好茶端给经理喝，经理喝了，就大骂起来："这茶怎么泡的！难喝得要命。亏你还是大学毕业呢！连泡杯茶都不会。"她真的气炸了，几乎哭了出来："谁要在这个鬼地方继续泡茶呢！"正准备当场辞职的时候，突然来了重要访客，必须好好招待。她只好收拾起不满与委屈，心想：反正要离开了，就好好泡一壶茶吧！

于是，她认真地泡好茶，并把茶端进去，转身刚准备离开时，突然听到客人由衷的一声赞叹："哇！这茶泡得真好！"别的同事，连那位骂她的经理都端起来喝，大家纷纷地赞美："这壶茶真的特别好喝！"就在那一刻，她自己也呆住了。心里想，只是小小的一杯茶而已，竟然造成那么大的差异，或被上司骂，或被大家赞不绝口，这茶里显然有很深奥的学问，要好好地去研究。

从此以后，她不但对水温、茶叶、茶量都悉心琢磨，就连同事喜好、心情，也细心地体会。甚至连自己泡茶时的心情状态会带来的结果,也了如指掌。很快,她成为公司的灵魂人物,并在不久之后,被转去做记者工作,原因是老板认为:"泡茶时那么细致专心的人,一定是很精明难得的人才!"

有一个孩子,因为家境贫寒而无力承担学费,被迫辍学,背井离乡出去打工。他是一个非常细心的人,在打工之时总是留心学习老板经营米店的窍门,这样工作了几年之后,他自己开了一家米店。

由于当时技术比较落后,出售的大米里经常混杂着沙粒、小石子,这在当时并不是什么奇怪的事情,买卖双方都是见怪不怪。但是这个孩子却没有忽视这个看似不起眼的问题,每次在卖米的时候他都把米里的杂物捡干净,他的这一细心的举动帮顾客省了不少麻烦,深受顾客的信任和欢迎。

然而,即使这样,他也没有满足,而是更用心地盘算着顾客的消耗量,设定标准,把握时间。估计其顾客差不多缺米了,就主动将米送到顾客家中,这种考虑周到的细致服务受到了大家的肯定,他不仅方便了顾客,而且也使自己的米店在当地留下了美名。他的米店生意火爆,日销量从开业之初的12斗发展到后来的100多斗。

就这样,他坚持日复一日地细致服务,最终走向了成功,他就是后来举世闻名的"台塑大王"王永庆。除尽米粒里的沙粒、用心盘算顾客的消耗量,把握时间,这些看似小事,微不足道,但是当平凡的王永庆坚持做好这些小事时,他就走向了卓越。可见,成就大事者,绝不应忽略和轻视小事,而是努力从小事做起,认真把小事做到位。

智者善于以小见大,从平淡无奇的琐事中悟道。他们不会将处理琐碎的小事当作是一种负累,而是当作一种经验的积累过程,当作成就宏图伟业的必修课。"不积跬步,无以至千里。不积小流,无以成江海。"卓越从来都不是一蹴而就的,卓越需要不断积累。

有这样一个故事。一对父子一同穿越沙漠。在经历了漫长的跋涉之后,他们都疲惫不堪,干渴难忍,每迈出一步都异常艰难。这时父亲看到黄沙中有一枚马蹄铁在阳光的照耀下闪闪发光——那是沙漠先驱者的遗留品。父亲对儿子说,捡起它吧,会有用的。儿子抬起失神的眼睛,看了看一望无际的沙漠——有什么用呢?儿子摇摇头。于是,父亲什么也没说,只是弯腰拾起了马蹄铁,继续前行。终于他们到达了一座城堡,父亲用马蹄铁换了200颗酸葡萄。当他们再次跋涉在沙漠中遭遇干渴时,父子俩吃上了酸葡萄,最终成功走出沙漠。

一件你不屑一顾的小事或许就是你的机遇。哪怕是一件小事,我们也应该用心地去做。只有做好每一件小事,最终才能成就大事;唯有在平时培养出良好的习惯,最后才可成为一个卓越的人。所以,无论是做事还是做人,如果希望避免失败,获得成功,就得从小处着手,把小事做好,才有机会成就一番大事业。

每个人应该时常警醒自己:如果希望成功,千万不能急功近利,而要历练自己的心境,沉淀自己的情绪,学会从零做起,从小事做起。只有这样,才能让自己成为一个能担大任的人;只有这样,才能获得令自己满意的美妙人生。

信用是你可以享用一生的珍贵资本

也许你无法让所有的人都喜欢你,但是至少可以让大多数人都信赖你。诚实的人日久天长会逐渐形成宽容博大的胸怀,周围充满微笑和友爱;心思纯洁的人会渐渐养成自律的习惯,周围充满宁静和平的氛围。请记住,你可以圆滑、可以世故,也可以为了混下去委曲求全,但是你一定要守信用,要取得别人的信赖,这样,才可以在喧嚣的世界上真正站得稳。

现在,请你经常回顾一下自己的所作所为,是否能为自己的诚实而自豪?如果不能,应该好好反思一下,想一想,为什么会做出一些不诚实的行为和举动?这么做值得吗?如果当时坦诚以待,事情的结果会不会更好?能从错误中学习,并说服自己成为一个诚实可信之人,才是可造之才。

人无信不立,良好的信誉能给自己的生活和事业带来意想不到的好处。诚实、守信是形成强大亲和力的基础,会使人产生与你交往的愿望,在某种程度上,会消除不利因素带来的障碍,使困境变为坦途。

以诚相待是人际交往中最重要的砝码,大多数矛盾都能用诚信的办法解决。只要真诚待人,就能赢得良好的声誉,获得他人的信任,将潜在的矛盾化解在无形之中。

要求报酬的诚实，算不上是真正的诚实。诚实是没有等级、不分程度的，诚实就是绝对的诚实。不论诚实与否，诚实都不是交换报酬而来的，诚实本身就是奖励，它是人类行为中最具有成效的一种。

诚实的人从不担心向谁撒了什么谎，从不忧虑会被谁揭穿，所以，他们可以集中心力，做一些更有意义的事情。

人们都喜欢和诚实的人交往共事。也许你无法让所有的人都喜欢你，但是至少可以让大多数人都信赖你。

伊丽莎白是一家大型公司的资深人事主管，在谈到员工录用与晋升方面的尺度时，她说："我不知道别的公司在录用及晋升方面的标准是什么，我只能说，我们公司很注重应征者对金钱的态度。一旦你在金钱上有了不良的记录，我们公司就不会雇用你。很多公司也跟我们一样，很注重一个人的品行，并且以此作为晋升任用的标准。如果品行有污点，即使应聘者工作经验丰富、条件优越，我们也不会聘用的。这样做的理由有四点：第一，我们认为一个人除了对家庭要有责任感外，对雇主守信是最重要的。你在金钱上毁约背信，就表示你在人格上有所缺陷。但是，今天很多美国年轻人却不以为然。他们认为'银行的钱那么多，即使我不偿还债务也无所谓'，或者'每家商店都有上百万的资金，我不付款它也倒不了'。但是买东西必须付钱，欠债必须还钱这是天经地义的事。在金钱上不守信用，简直与偷窃无异。第二，如果一个人在金钱上不守诺言，他对任何事都不会守信用。第三，一个没有诚意信守诺言的人，他在工作岗位上必定也会玩忽职守。第四，一个连本身的财务问题都无法解决的人，我们是不任用的。因为频繁的财务困难容易导致一个人偷窃或挪用公款。在金钱方面有不良记录的人，犯罪率是普通人的十倍。当我们支出金钱时，要诚实守信，这一点也同样适用于我们的为人处世。"

这位人事主管的用人标准说明了这样一个问题：诚实是衡量一个人品行的一把尺子。这把尺子，无论古今中外，适用于所有人。诚实、守信不仅是一个人品行的证明，同时它还能让人树立起对家庭、对社会的强烈责任感。

诚实与权势、利益等无关。诚实、守信并不仅仅只是为了从职业中获取某种利益，而且也是将自己的工作当成信仰，将每一次任务当成使命。在现代社会，真正的诚实更应该是一种职业的责任感和使命感。如果缺少了充分的责任感和使命感，即使能够利用自身的职业技能获取一定的物质利益，可是在精神上，这样的人还是最贫穷的。

那些远离诚实守信的人，机会同样也会远离他们。你可能暂时伪装自己，表现出一副诚实的面孔，但是人们最终还是以你的所作所为，而非你的言辞来判断你。如果你一向说得比做得多，请即刻立下誓言，改变自己的行为吧！

第三章

勾勒职业成长蓝图，很多东西比薪水更重要

找到适合自己的发展平台

很多二十几岁的年轻人在找工作时，只要有钱赚就去干，至于将来怎么样，完全不考虑，走一步看一步。生活中，那些只图一时之利，忽略长远的人，很难有什么大的作为，挣的也只是小钱、辛苦钱，饿不死也撑不着。

对于这些道理很多人似乎都懂，不过，当工作摆在眼前的时候，还是习惯去做那些好入手、容易做、来钱快的工作。

有些工作的确充满诱惑性，不菲的薪酬、良好的待遇，使人无法抗拒。即便是这样，我们也不能被眼前利益冲昏头脑，更应该看透工作的实质，看它是否具有发展潜力，如果仅能满足衣食所需，就应坚决地放弃，否则我们的一生都将受此影响。

二十几岁的年轻人，正处于人生选择的十字路口，对于工作的选择更要慎重把握，一招不慎，全盘皆输。一步选错，输掉的就是整个人生。

我们喜欢和乐于接受的工作未必就是好的，相反，我们不愿意接受的工作对我们来说往往有很大的益处。有难度、有挑战的工作虽然不好做，见效慢，但只要我们咬牙挺过去，眼前就会呈现出一条希望之路。

我们都习惯于稳定的工作，对于风险大的有挑战性的工作都不愿意去尝试。所以，有些人在工作中采取的原则是，不求有功，但求无过。严格地按老板的意图去做，即使是错的也要去执行。这样做自己不必承担任何责任与风险，照样稳拿自己应得的那份薪水，何乐而不为呢？

没有一丝一毫创造力与想法的员工，如同没有生命的机械，完全在指令和程序下运转，还有什么价值可言？没有风险，就没有价值。那种小心翼翼、害怕出错的人，注定不会有什么发展前途。

追求安逸稳定，是一种保守主义的思想，在这种思想的指导下，我们缩头缩脚，不敢向前半步，没有一点想法和创意，落后的思想观念让我们在原点踏步，满足于眼前的一点成绩或收入，殊不知，我们失掉了太多！

多年以后，我们变得平庸无奇，剩下的恐怕只有遗憾了。在感慨时运不济的时候，我们有没有想过，决定我们命运的不是老天，也不是别人，而是我们自己的选择！路都是自己走出来的，走什么样的路，还不是自己决定的？

找工作还需有战略性的眼光，风险和挑战不可畏惧，关键得看这个工作是否适合自己，是否能充分发挥自己的潜力。

所有人都想在自己能力的基础上尽可能找一份优越一些的工作，这样往往造成"高不成、低不就"的尴尬。求职者中绝大部分会用"好与不好""喜不喜欢"来评价工作。在求职过程中，迫于巨大的生活压力，如果找不到求职者心目中所谓的好工作，求职者往往会被动地跨出一步，先找工作稳定下来，然后伺机再跳。几番跳槽、转行折腾下来才发现，不但没有找到"好工作"，连当初的一点模糊的职业想法也没有了，完全迷失了职业发展的方向。

其实，工作没有好与坏，只有适不适合。那么我们又如何去判断工作适不适合我们呢？

首先，工作与内在个性是否适合。这里的内在个性与生活中的个性或性格是不同的，它折射出来的是个人在工作中的心理特征、心理倾向等。通过内在个性的分析，可以了解到一个人擅长做什么工作、喜欢以何种方式工作、工作中待人处事的风格以及判断与决策能力的强弱。

其次，个人能力是否能胜任这项工作。一个人的能力是从事某项工作的基础。有什么样的能力决定了一个人处于什么样的层次。但在现实操作中，除了"适才适用"外，还有两个极端：一是自身的能力不被认可，能力达到了但没有找到相应的职位；二是公司提拔时没有考虑到个人能力是否达到，造成职业人高处不胜寒的窘境。高位虽好，但如果能力达不到，反而会遭遇彼得原理陷阱。

最后，这份工作能提供给我们多大的发展空间。与发展空间直接相连的就是企业平台。在选择企业时，也不是大公司或外资企业就好，发展空间就一定大。职业人必须要明确发展空间是自己职业发展的一条线，可以由很多的阶段和公司平台组成。在某一个平台无法提供发展空间的时候，可以重新选择。

在综合分析自己内在个性、个人能力的基础上，明确自己的职业优势和劣势在哪里，再结合职场状况、行业和岗位的情况，给自己做出一个准确的定位和规划。之后，在实际的发展中也要随着实际情况的发展变化，对职业发展做适当的修正和调整。

对我们适合，能发挥我们特长和潜力的工作才是我们要找的。因为它会使我们与自己追逐的目标更接近,即使不能马上就达到我们奋斗的目标,也会有所收获。但在这个目标实现之前,我们必须一直百分之百地投入和努力,因为这不仅仅是我们的工作,也是我们的事业!

热门行业不等于职业前景

看见很多同龄人都去了大公司或者投身热门行业，自己也不好意思从事很少人听说的行业？不要再被"面子思想"耽误了。热门行业也是从冷门一步步发展起来的。有时候越冷门，越说明有职业前景；越冷门，越表示你是"稀缺人才"，所以，按照自己的理想与爱好，踏踏实实、安安心心地走下去吧。

"我现在面临两个工作机会的选择，一个是生产开关插座的厂家，另一个是提供手机增值服务的企业，都是做市场工作。我倾向于去第一家企业，但我的很多同学都去从事IT、通信等行业，说这类行业工资待遇高。我不知道该去哪里好？"这是一个求职大学生的困惑，恐怕也是很多二十几岁年轻人的心声吧？

求职时，"趋热避冷"是很多求职者都有的思维定式。银行、IT等热门行业往往意味着高收入、高福利和长远的发展，而农林牧渔业、传统制造业等行业却总给人收入低、工作枯燥的印象。因此，在人才市场中，热门行业总是人满为患，冷门行业常常乏人问津。

但专业的职业顾问认为，择业不宜只盯着热门行业。首先，行业的冷与热是相对的，比如20世纪末互联网业曾红极一时，但互联网泡沫破灭时，下岗失业的人也不在少数。其次，热门行业中也有冷门职位，而冷门行业中也有热门职位，行业前景不等于职业前景。譬如，在IT行业，也有和计算机几乎没有必然联系的岗位，如行政管理、人力资源等；同样，在非IT行业，也需要大量IT人才进行系统的开发、设计和维护。

其实，懂得避开热门行业中的冷门职位，或善于发现冷门行业中有潜力、成长性的职位，才是职场中的聪明人。

据某招聘网站最新数据显示，近期职场中排名靠前的热门行业有加工/制造业、信息技术/互联网、电子技术、生物/制药/保健、耐用消费品、咨询业、快速消费品、贸易、广告业和房地产业等，这些行业的应聘人数往往是职位数的数倍。在这些热门行业中，同样存在着热门职业和冷门职业。一般来说，与产业链发展直接相关的核心职位往往是热门的，个人发展空间很大；而从事外围性、事务性工作的，通常是冷门，发展空间有限。

而同时也有这么一个问题，那就是冷门行业也有热门职位，不信看看这些：

1. 农业科技人才

农业是不折不扣的传统行业，可现代农业已经不是传统意义上的"春播秋收"了。在一些现代农业园区，对技术人才的要求非常高，范围也相当广。据某招聘网站2019年5月职位信息，近期市场对农业科技人才的需求非常旺盛。需求主体不仅包括传统的农、畜、牧业，还有生物工程、海洋养殖耕作等新型企业，另外，农产品加工、农产品营销等专业人才也供不应求。

2. 模具设计师

制造业也是老牌传统行业，其劳动强度大、工作环境不够舒适的行业特点，让不少人望而却步。但近年来，模具设计师已经成为人才市场中的新贵，高级模具设计师动辄月薪上万元。

3. 专利代理人

知识产权业在人才市场中一直不温不火，专利代理人却是当之无愧的热门人才，一直处于高度稀缺的状态。尽管专利代理人考试通过率一向偏低，还不到10%，但2004年上海的专利代理人资格考试却吸引了近8000人应试。

4. 园艺工程师

园林绿化也属冷门行业。然而近年来，园艺工程师、景观设计师等"绿色人才"却一路走强，"园艺工程师"还数次入选某招聘网站的"职场十大人气职位"之列。

曾经的汽车行业，也是冷门，可是就有人坚持下来，把这个行业守"热"了。看看下面这个事迹，权当给自己树立一个"干一行，爱一行"的榜样吧。

陈斌是在1993年参加的高考。他从小就喜欢汽车并善于与人沟通，虽然报考湖南大学汽车专业前，自己不会开车，甚至很少有机会坐车，但就凭着自己看到汽车在路上行驶时的激动劲儿，就认定了这就是他可以为之奋斗一生的行业。

现在的汽车行业蒸蒸日上、如火如荼，但在20世纪90年代以前，却完全是另外一番景象：没有那么多的私家车，汽车品牌也不如今天这么丰富，汽车行业完全是一个冷门行业，与现在许多人削尖了脑袋往汽车行业里钻形成了鲜明对比，因此当时他的许多汽车专业同学都纷纷转行。

在这样的环境下，陈斌也不是没有动摇，他一度怀疑自己真的选择了一个不会有好前景的冷门行业，也曾动过跳槽的念头。几位同学也都给他打过电话，他们在转行后近况不错，劝他也尽早放弃，他在大学时的一位好友也给他打来电话，这使得陈斌更加动摇："喂，陈斌啊，我已经转行做律师了，收入和前景都要比汽车行业好得多，你也得考虑考虑了，老在这个行业里是没有发展的，你大学时候不就经常参加辩论赛吗？转到律师行业，以你的基础会很有前途的。"到底是在前途未卜的汽车行业继续坚守阵地，还是去选择在当时更有前途的律师职位？最终他还是说服自己留了下来，理由就是他热爱汽车行业，愿意利用大部分业余时间去关心汽车行业的信息，来丰富自己的知识，兴趣使陈斌在这行业内奋斗得不知疲倦，如果他进入一个自己不喜欢的陌生行业，还能这么拼命吗？答案是否定的。而最终他以对汽车行业的忠心和热情等来了它的高潮期，同时也因为积累了丰富的行业经验成了这个行业的顶级人才。

陈斌的经验值得我们学习和借鉴，年轻人在择业时也要慎重考虑，不能只追逐热门，还要结合兴趣和行业前景预判做选择。看看下面求职专家给出的几个关键时期，也许是我们都应该注意的几点。

1. 填报专业时

职业规划从选择大学专业时就该开始。高考填报志愿时大多数人也以热门行业作为风向标，其实这样很危险。前些年金融行业火爆，报考金融专业的学生数量大增，学校也纷纷开设相关专业。结果没几年，金融专业的学生由于数量过多遭遇就业困难。现在，计算机专业的学生也面临着相似状况。相反，有些人报考了某些冷门专业，反而有意想不到的发展。譬如，心理学一向比较冷门，而近几年心理咨询师、儿童顾问等相关职业却成了人才市场上的抢手货。

2. 选择职业时

尽量选择有发展潜力的职业，不要拼命追逐那些已经炙手可热的职业。成长性强的职业应具备两个条件：其一，在市场上，与该职业相关的人才供不应求；其二，提供相关职位的企业，发展态势大多蒸蒸日上，在政策方面拥有不少利好消息。具备这两个条件的职业，势必需要大量从业人员，呈现出"求贤若渴"之势，很可能是下一个"热门"。

3. 加盟行业时

选择行业时可做一番调查分析，包括社会热点职业的分布、自己所选择的行业在当前与未来社会中的地位、社会发展趋势对行业的影响等。再分析一下自己的人际资源，包括在从事选定职业的过程中将同哪些人交往，这些人都属于哪些行业，等等，最后根据实际情况选择有利于自己成长的行业。

此外，还要记住两个原则：

1. 无论从事什么职业，都要和兴趣爱好及个性特点相结合。热门专业、职业、行业都可预测，但切不可因为追求热门而强迫自己从事不喜欢或不擅长的职业。

2. 无论从事什么职业，都要努力把它做好。一份职业的前景如何，最大的决定因素并非是行业前景，而是自己有没有用心去做，能不能成为某一领域的专家。现代社会专业分工越来越精细，个人只要做好自己的工作，真正做到"人无我有、人有我精"，就一定会有所建树。

确立人生目标，把精力集中到一点

确立目标，是人生规划的重要乐章。不甘做平庸之辈的年轻人，必须有一个明确的追求目标，才能调动起自己的智慧和精力。

有一年，美国哈佛大学曾对当时的毕业生做过一次调查，询问他们是否对自己的未来有清晰明确的目标，以及达到目标的书面计划。结果，只有不到3%的学生给出了肯定的答复。二十年后，研究者再次访问了当年接受调查的毕业生，结果发现那些有明确目标及计划的3%的学生，不论在事业成就、快乐及幸福程度上都高于其他人。更甚者，这3%的人的财富总和，居然大于另外97%的所有学生的财富总和，而这就是设定目标的力量。

在现实生活中，作为一个平凡的人，尽管未必能像一些伟大成功者那样过得轰轰烈烈，但是只要拥有明确的职业和人生目标，也能在平凡的生活中活得精彩。

我们需要提升生存的智慧，思考成功，追求卓越，对人生的意义、人生的价值、人生的幸福等问题交出较满意的答卷。

成功是每一个追求者所热烈企盼和向往的，是每一个奋斗者为之倾心的夙愿。在目标的推动下，人就能够被激励、被鞭策，处于一种昂扬、激奋的状态，去积极进取、努力奋斗，向着美好的未来挺进。

目标是一种持久的渴望,是一种深藏于心底的潜意识。它能长时间调动你的创造激情,调动你的心力。你一旦想到这种强烈的愿望,就会产生一种不绝的动力,就会有一种钢铸的精神支柱。一想到它,你就会为之奋力拼搏,就会尽力完善自我。在艰难险阻面前,绝不会轻易说"放弃"二字。为了目标的实现,去勇敢地超越自我、跨越障碍,踏出一条坦途来吧!

美国成功学家拿破仑·希尔说:"你过去或现在的情况并不重要,你将来想获得什么成就才最重要。除非你对未来有理想,否则做不出什么大事来。"有了目标,内心的力量才会找到方向。

可以说,一个人之所以伟大,首先在于他有一个伟大的目标。所以规划你的人生时,确定目标是首要的战略问题。目标能够指导人生、规范人生,是成功的第一要义。目标之于事业,具有举足轻重的作用。忽视目标定位的人,或是始终确定不了目标的人,他们的努力就会事倍功半,难以达到理想的彼岸。

生活中,你一定会先确定目的地,并且带好地图,然后再出远门。然而,一百个人当中,大约只有两个人清楚自己一生要的是什么,并且制定可行的计划达到目标。这些人都是各行各业中的领导者——没有虚度此生的成功者。因为,一个一心向着自己目标前进的人,整个世界都会给他让路。如果你确定知道自己要什么,对自己的能力有绝对的信心,你就会成功。如果你还不知道自己的一生想要追求什么,现在就开始想好自己要什么,你有几分的决心,何时会做到。

二十几岁是人生的一个新阶段,大学校园生活的结束意味着社会生活的开始。这也是规划人生的最好时期，在这个阶段要明确未来的生活方向，才会让人生绚丽多姿。要确定心中想要的生活，可以利用以下四个步骤，认清你的目标：

第一，把你最想要的东西用一句话清楚地写下来。当你得到或完成你想要的事物时，你就成功了。

第二，写出明确的计划以及如何达成这个目标，清楚地写出你要怎么做。

第三，制订出完成既定目标的明确时间表。

第四，牢记你所写的东西，每天复述几遍。

遵照这几项步骤，很快你就会惊讶地发现，你的人生愈变愈好。这一套模式将引导你与无形的"伙伴"结合，让他替你除去途中的障碍，带给你梦寐以求的有利机会。持续进行这些步骤，你就不会因为别人的怀疑而动摇。

明确的目标让"不可能"失去作用，它是所有成功的起点——不用花一分钱，每个年轻人都可以轻易拥有；只要下定决心，确实执行。在明确规划自己人生目标的时候，千万不要做消耗式的人生规划，这样会让自己得不偿失。

什么是消耗式的人生规划呢？就是为自己设定了很多高远的目标，并且都投入了精力。消耗式的人生规划忽略了人的局限性——我们的精力和时间都是有限的。

在此，向大家提一个问题：一个人的一生有多少天？10万天还是20万天？实际上，一个100岁的老人一生也就3万多天。这其中还包括睡眠、休闲以及其他不能用在实现目标上的时间。而我们的精力也是有限的，人人都想做超人，但超人只存在于童话世界中。所以，消耗式的人生规划到头来还是会让你一事无成。

如果你想成功,就要学会使用"凸透镜",把自己的精力集中在一点上,也就是我们通常所说的"好钢用在刀刃上"。这句话说起来简单,却是由平凡变为不平凡的卓越法则。

　　软银总裁孙正义二十岁出头到美国留学,他决定不再花家里的钱,而是自己挣生活费。为了兼顾学习和工作,规定自己一天中学习以外的时间——五分钟是可以随意安排的。他想在专利上有所建树,一年下来,居然创造出了250多个小发明,从中了解了不少电子产品的研发知识。

　　人的生命和精力都是有限的,但人生发展的可能性是无限的,所以,要清醒地告诫自己:不要做消耗式的人生规划。不能每件事都只做一半,就畏难、畏烦而放弃;也不应该没有规划,看到什么新鲜事物就去追逐,最终什么都做不好。一旦我们树立了一个人生目标,就要集中所有的力量去实现它。我们不能把有限的力量分散在多个问题上,每个问题都想去解决,最终可能连一个都解决不了。

先求升值，再谈升职

职场之中的许多人可能都有这样的心理："老板不重视我，我的能力没有发挥的余地。"其实，不是老板不重视你，而是你的能力和经验还没有提升到相应的档次。这时，如果你能够明白"先升值，再升职"的道理，踏踏实实地工作就能取得事业上的成功。

"先升值，再升职"是职场人士的生存之道，也是施展自己才能、发挥最大价值的途径。在如今这个竞争激烈的年代，如果不主动升值就意味着不断贬值，那么等待你的不仅不是升职，反而是被淘汰的命运。

蒋凡初进柯达公司的时候只是一名普通的业务员，后来一步一个脚印，由业务员成长为公司的市场部经理，随后又成为公司的市场总监。蒋凡究竟是如何成长起来的呢？

成为公司的市场部经理后，蒋凡很快就对自己的工作有了一个正确定位：在企业的营销过程中，市场部经理的位置十分重要，一个优秀的市场部经理，在很大程度上能够协助市场总监完成营销战略任务。蒋凡认为一个优秀的市场部经理必须具备以下四种基本素质：

1. 具有营销策划的能力

因为市场部的职能首先是为营销服务，如果一个公司的营销流程缺乏一个鲜明的营销目标来总领,那么这个公司的营销质量就不会得到很大的提高。

2. 具有品牌策划的能力

品牌策划是一个很宽泛的概念,每个企业都会涉及,市场部经理最基本的责任就是把本企业的品牌放在本企业所处的具体环境中,迅速做大、做强,让品牌快速成长。

3. 具备产品策划的能力

这个能力也就是能够策划一个在设计、创意等方面配合产品的营销主题。

4. 具有对市场消费态势潜在性的分析能力

如果公司的市场部经理或者市场总监能够对未来发生的消费态势进行一些前瞻性的捕捉,掌握领先一步的策略,那么公司以后的道路就会走得更好一点。

后来,蒋凡又认真研究了大多数公司对市场部经理的更高要求,他觉得自己应该在目前的能力基础上进一步学习,以提升自己的工作能力。

首先,他从掌握各项营销政策入手进行学习,因为他过去从事的是广告策划工作,对营销政策知之甚少。接着,他又开始不断强化自己的执行力,因为他发现自己对于公司营销推广的整个过程的监控实施力度很小。另外,蒋凡认识到自己的市场应变能力很差,缺乏市场销售过程的锻炼和市场销售经验,这是他在工作中最大的软肋。

有了这些深刻而全面的认识之后,蒋凡开始逐步提升自己的业务素质。他首先对自身这些不足进行弥补,先让自己成为一名优秀、称职的市场部经理。后来他花费三年的时间亲自参与营销实践。与此同时，蒋凡学习了丰富的组织管理知识、全面的法律知识和财会知识，因为这些知识在工作的时候很有用处。当然，培养对团队的掌控能力也是蒋凡学习的一个重要方面，如果控制不了下属团队，那么一切都是空谈。

通过几年的认真学习和实践锻炼，蒋凡如愿以偿地成了公司的市场总监，为公司的市场营销工作做出了突出的成绩。当然，担任公司的市场总监后，蒋凡仍然不断充实自己。现在，蒋凡已经成了公司不断成长的楷模，董事长总是让其他员工向善于成长的他学习。

蒋凡的职业成长历程就是"先升值，再升职"的一个好例子，有时候不是老板不升你职，而是你根本没有这样的能力，所以二十几岁的年轻人不妨放平自己的心态，先努力积累经验，当你真正有能力时，升职也不会是什么难事了。

工作中每一个台阶都需要相应的知识储备与能力相匹配，当你选择了一个行业，进入一家公司工作后，如果要升职，你就必须不断地学习和锻炼，让自己的能力升值，给老板一个提升你的理由，这样你才能拥有自己想要的东西。

事业是做出来的，不是跳出来的

在职场中，每个人都明白"人往高处走"的道理，跳槽已成为一件很平常的事，但并非在任何时候都是一件有益的事。有时候跳槽也会变成一种风险。

二十几岁的时候，很多人还没有确定自己适合做什么，多换几份工作，多积累一些经验是很重要的。因此，跳槽也是不可避免的。那我们如何判断是否应跳槽呢？我们可以运用博弈的原理，判断跳槽对自己是否有利。

假设员工A在甲公司上班，他的薪酬是x元/月，由于种种原因A有跳槽的意向。他在人才市场上投递了若干份简历后，乙公司表示愿以y元/月的薪酬聘任A从事与甲公司类似的工作（$y>x$）。这时，甲公司面临两种选择：第一，默认A的跳槽行为，以p元/月的薪酬聘任B从事同样的工作（$y>p$）；第二，拒绝A的跳槽行为，将A的薪酬提升到q元/月，当然工资一定要大于或等于y元，这样员工A才不会跳槽。

当员工A有跳槽的想法时，单位甲和员工A之间的信息就不对称了。很明显，员工A占有更充分的信息，因为甲公司不知道乙公司愿给A支付多少薪酬。当员工A递出辞呈时，甲公司首先会考虑到员工A所处岗位人力资源的可替代性，如果A的人力资源不具有可替代性，那么甲公司就会以提高薪酬的方式留住A，员工A与甲公司经过讨价还价后，甲公司会将员工A的薪酬提升到大于或等于y元/月的水平。但如果A的人力资源具有可替代性，那么甲公司就会默认A的跳槽行为。

其实，每个单位都会针对员工的跳槽申请做出两种选择：默许或挽留。相对来说，员工也会做出两种选择：跳槽或留任。实际上，在对待跳槽问题上，单位和员工都会基于自身的利益讨价还价，最后做出对自己有利的选择。实质上，这一过程是单位和员工的博弈过程，最后无论员工是否跳槽，都是这一博弈的纳什均衡。

以上只是基于信息经济学角度而进行的理论分析。实际上，当存在招聘成本时，即便人力资源具有可替代性，单位也会在事前或事后采用非提薪的手段阻止员工跳槽。例如，事前手段——单位与员工签署就业合同时，约定一定的工作时限和违约金额；事后手段——限制户籍或档案调动、扣押员工工资、扣押员工学历证书或相关资格证等。

另外，对于员工来说，跳槽也存在择业成本和风险。新单位是否有发展前景，到新单位后有没有足够的发展空间，新单位增长的薪酬部分是否会弥补原来的同事情缘，这些都是员工必须考虑到的因素。这只是员工一次跳槽的博弈，从一生来看，一个人要换多家单位，尤其是年轻人跳槽更为频繁。将一个员工一生中多次分散的跳槽博弈组合在一起，就构成了多阶段持续跳槽的博弈。

正所谓行动可以传递信息，实际上，员工每跳一次槽就会给下一个雇主提供自己正面或负面的信息：比如，跳槽过于频繁的员工会让人觉得不够忠诚；以往职位一路看涨的员工会给人有发展潜力的感觉；长期徘徊于小单位的员工会让人觉得缺乏魄力。员工以往跳槽行为给新雇主提供的信息对员工自身的影响，最终将通过单位对其人力资源价值的估价表现出来。但相对来说，正面的信息会让新单位在原基础上给员工支付更高的薪酬。

从短期看，通常员工跳槽都以新单位承认其更高的人力资源价值为理由；如果从长期看，员工跳槽的前一阶段时间会影响到未来雇主对其人力资源价值的评估。这种影响既可能对员工有利，也可能对员工不利。换句话说，员工在选择跳槽时，也等于在为自己的短期利益与长期利益做选择。

职场中，如果你的心已不在就职单位，那么你或多或少会在工作中表现出来。但你不要总以为自己才是最聪明的，也不要总想着跳槽，你需要时刻记住：无论如何取舍，不会有人为你的失误买单，跳槽也存在风险，要经过充分考虑。

人的追求是不一样的，跳槽也是如此，有的人选择跳槽只是希望比现在的工作薪水高些、工作环境好些，但是有的人是想在跳槽的过程中成就一番事业。对于想把跳槽当跳板实现事业理想的人，要停止你"跳"的脚步。因为你还没有把你的工作当成事业来做，你没有在其中投入心力和激情，所以无论怎样换工作，你的工作就只是工作而已，你干不了理想中的"大事业"。

在一个小镇上，有三个石匠正在努力工作，一个过路人问他们在干什么。第一个石匠说："我每天都枯燥地搬石头砌墙。"第二个石匠说："我的工作很重要，我要把墙垒好，这样房子才结实。"第三个石匠则很自豪地说："我的责任十分重大，这是镇上的第一所教堂，我要将它建成小镇的标志！"

同样是砌墙，三个人看待这件事的意义却不一样。第三个石匠心中有百年大教堂，他把自己的工作当作是一项伟大的事业来干。因此他不仅不觉得枯燥无味，反而很有自豪感。他一定会为了心中的那个教堂兢兢业业地干活，并且不会有一丝懈怠，因此他必将是那三个石匠中干得最出色的一个。这也就像我们对待工作的态度，你不把它当事业，就会老觉得没有激情，然后琢磨着跳槽。真正聪明的员工会善待自己的工作，并把工作当成自己的事业。他会让自己忙起来，在忙碌中体会生命的力量和工作的愉悦。

日本的"经营之神"松下幸之助是世界闻名的成功企业家，他的经营哲学是，把职业当成自己为之毕生奋斗的事业，日积月累，用心做好每一天的事。

松下幸之助常说，他之所以成功，是因为他从内心把自己的职业当成事业。他指出："我并没有那么长远的规划。只是珍视每一个日日夜夜，做好每一项工作，这是今日能辉煌的秘诀。当年，我仿佛并没有要建一座大工厂的远大规划。创业初期，一天的营业额仅一日元，后来又期盼一天有两日元，达到两日元又渴望三日元，如此而已，我只不过是努力地做好每一天的工作。"他在一次演讲中还说道："迄今为止，每遇到难题的时候，我都扪心自问，自己是否能以生命为赌注全力对待这项工作？当我感到非常烦恼时，往往是因为没有全身心地投入工作。由此我便洗心革面，全力向困难挑战。有了勇气，困难便不称其为困难了。"

必须把自己的职业当成事业，并由此而日积月累，珍视每一天的每一件工作，循序渐进地取得进步，长此以往，最终将成就伟大的事业。松下幸之助就是这样工作，才取得了事业的成功。

　　所以，事业是兢兢业业干出来的，不是冒冒失失"跳"出来的。只有你真正为自己找到奋斗的事业，以此不断激励自己刻苦实干，你才能真正成就丰功伟业。

给自己打上"优秀"的标签,并且"秀"出来

一个人一旦拥有了自己独一无二的标签,他在职场中就会所向无敌。

要打造个人标签,你就要时时保持你的竞争力。你的个人标签也往往代表着你的道德观、作风、形象和责任,好的品牌、好的标签之所以强势,就是因为它结合了正确的特性、吸引人的性格,以及随之而来的与消费者的良好互动关系。个人标签也必须有正确的特性、吸引人的性格,才会美名外扬!

如何才能打造自己醒目的个人标签呢?

1. 不断提升自己的专业能力

专业能力代表了足够的知识、技能。拥有专业能力是一种绝佳的个人品牌,是一种内涵的体现。由于不断地有新知识及新技术推出,为了避免过时,专家必须不断地增进专业能力,这是打造个人品牌首先要注意的!

2. 拥有谦虚的态度

即使你已经拥有很好的成绩,懂得谦虚仍是非常迷人的特质。许多社会中的名流,越是成功,对人越是谦和!无论什么时候,谦虚的人都会受欢迎。如果你能力有限,谦虚会让人感觉你诚实上进;如果你工作能力很强,谦虚会让人感到你受过良好的

教育，综合素质很高。

3. 维持学习力及学习心

学习力及学习心是不老的象征，也是延续个人品牌的手段。一个不断学习的人内在是丰富的，也会更容易拥有自信心及保持谦虚的态度。学习会让你时时刻刻感觉在进步，学习会让你找到自身的不足，从而提升自己的价值。

4. 强化沟通能力

沟通能力包括倾听能力及表达能力。个人品牌必须通过沟通传达出去。你必须要有能力在大众前清楚地表达，通过语言和文字传达思想，也要学习站在他人的角度看事情，尝试以对方听得懂的语言沟通，为了达到这个目的，倾听是必要的！

5. 亲和力

亲和力是一种甜美的气质，让人在不知不觉中被你感染。亲和力也富含一种柔软的积极性，通过与人亲善的特质发挥更多的影响力。倪萍主持的节目上到七八十岁的老人，下到五六岁的孩子都喜欢看，正是因为她的亲和力打造了她极有魅力的个人品牌。

6. 外表

外表是很重要的！当别人还没有机会了解你的内涵时，就会从你的外表做一个基本判断。学习可以让你看起来清爽诚恳，以整洁利落的风貌来表达你充沛的精力及良好的态度，是职场人士必备的能力。

建立个人品牌，可以从自己的强项开始。每个人都有自己独特的能力，从自己独特的能力开始，是最容易建立个人品牌的方法。

虽然这是个自我行销的时代，但你的表现是你的最佳简历。

我们必须做到处处塑造我们的个人标签，让每个见过你的人都能记住你，认为你的确很有能力并且风格独特，那样，成功就离你不远了。

此外，有了个人标签，还要努力"秀"出来。

"老实做人，踏实做事"固然重要，但也要懂得表现。做好本职工作的同时也要让领导注意到自己，别让事情"白"做了。要懂得先让自己的上司注意到自己，再一步步让上司赏识你，乃至提拔你。晋升之路就是在爬梯子，你自己要看到梯子在哪里，也要学会让别人给你梯子往上爬。

东方朔刚入朝时并不被汉武帝看重，于是他就哄骗宫中看守马圈的侏儒们说："皇上认为你们这些人对朝廷无用，耕田劳作体力不够，任职做官又不能治理政事，参军入伍也不会指挥作战，只会白白耗费衣食，如今想把你们全部杀掉。"侏儒们听说后十分害怕，哭了起来。东方朔又建议他们："皇上就要从这里经过，你们何不叩头谢罪？"

当汉武帝来到马圈，侏儒们都跪在地上，一边磕头，一边痛哭。汉武帝问清怎么回事后，非常生气，派人把东方朔召来，责问道："你胆敢制造谣言，该当何罪？"东方朔正等待着这个机会，于是振振有词地说："我活着也要说，死也要说。侏儒身高三尺，俸禄是一袋粟、二百四十钱；臣东方朔身长九尺多，俸禄也是一袋粟、二百四十钱。侏儒饱得要死，臣却饿得要死。如果臣的话可以采用，请用厚礼待我；不采用，请让我回家，不要让我尸位素餐。"汉武帝听了哈哈大笑，赦免了他的罪过。不久，东方朔就被提升了官职。

二十几岁刚入职场的年轻人，会看到很多人在单位里像老黄牛一样默默耕耘了很多年，还是没有升迁的机会，这些人有时不免抱怨上司太不够意思，没有多关照一下自己。其实，这种情况下，他们也许应该问问自己，有没有做过什么特别的工作给老板留下深刻的印象？有没有说过令老板都惊奇的话？如果没有的话，那就不用抱怨什么了，因为他们从来就不敢在老板面前展现自己与众不同的一面，老板事情那么多，自然很少会关注到他们了。如果能够像东方朔一样，善于抓住时机，在上司面前表现自己，情况也许就不一样了。

不想当将军的士兵不是好士兵，要想出人头地，首先要让领导注意到你，而后才有可能重视你。晋升之路通过领导实现，有"野心"的你千万不要太默默无闻了，一定要选择合适的时机"秀"出自己，只有敢"秀"，才可能成功。

一天一点提高你的身价

二十几岁时，我们的资源总是有限的。我们中的很多人都是在外漂泊、身处异地、举目无亲，置身于完全陌生的环境。这时的我们真的是两手空空，除了自己，几乎是一无所有。这时，我们所能做的，就是要学会利用周围一切可以利用的资源，利用一切我们可以抓住的机会来提升自己。

当我们在一家公司工作了几年之后，我们就积累了一定的资本，从一个默默无闻的新人，逐渐成长为公司的业务骨干，公司高层重视我们的程度也越来越高。但我们切不可沾沾自喜，随时都要保持清醒的头脑，知道自己的轻重。

我们应该随时做好准备，因为现代的人才流动性非常强，我们不知道在公司还能干多久。就算公司的效益好、待遇高，我们也不能因此而放弃了自己当初就定下的目标。打工不是为了赚钱，而是为了赚未来。我们要在行业中寻求更大的发展，就必须不断提升自己的目标，这样我们才能更快地成长。

年轻时出去找工作，我们靠的是文凭，靠的是知识，而当我们积累了一定的资本之后再找工作，靠的就是自己的身价了。我们的身价不是在公司工作时确定的，而是在跳槽后体现的。如果我们成为同行所争抢的对象，甚至被猎头公司看中，就证明了我们在行业中的地位是重要的，否则，就只能证明我们一文不值。既然身价如此重要，那么我们要靠什么来提升我们的身价呢？

有两个员工，小王与小李，他们的工资都是每月4500元。小王认为反正就固定地拿这笔工资，总是按照吩咐完成指定的任务就完了。上面让他去外面开会学习，他觉得累："就这么点工资，出差也没什么高额补贴，弄不好还要倒贴，还不如不去。与我小王没有关系的事情，就不管了。"就这样，小王的工资一直就是4500元。

而小李呢，他认为老总虽然只给他4500元，但他觉得老总给了他一个发展的平台。他不但能按要求完成上面指定的任务，空闲时，只要能做，就尽量帮助其他同事多做点事。他说，多做一些事，人又不会被累死。每当小王不愿意去艰苦的地方出差时，他总是主动抢着去。对于科室里的企业管理系统软件，他一直认为利用效率太低。于是，在完成基本工作外，他还去书店买了不少书研究，还自己出钱去参加进修班。慢慢地，小李就成了全公司最有名的一个"系统操作专家"，到了后来，连其他科室和生产车间里的人都来请他去排除系统故障了。

看着小李又出钱又出力地给公司干，小王觉得小李很笨，小王经常对小李说："这公司又不是你的，你与我一样拿固定的工资，干嘛出这么大力呢？"小李回答："我又不是光为公司干，我是在为公司干的同时，还在为自己积累经验与资本。实际上，公司里有这么好的条件，有现在的设备供我做实验，我何乐而不为呢？假如我自己去买这些设备，那我得花多少钱？假如我是在我自己家里做实验，那么，不但设备成本要自己投，而且在做实验时还没有人给我开工资。现在我在这里拿公司的设备培养我自己的能力，不但不用买设备，还能一边做实验一边学经验，额外有人给我开工资，何乐而不为呢？"

数年后，这家公司倒闭了。小王因为一没有资源、二没有经验、三没有人缘，就只好去一个小公司继续混工资了。而小李则邀请几个朋友一起投资成立了一家私营公司。这家私营公司做的还是老公司的业务。因为小李前几年一直不断地在外面出差应酬，所以，小李熟悉了这方面的市场，还结识了一批行业内的朋友。因为小李以前在单位里搞的管理系统很实用，所以他还附带地把这套系统推广到同类的企业里去。结果，没两年时间，小李就成了身价上千万的富翁。

二十几岁正是打磨自己、积累经验的时候，如果你觉得多做就等于吃亏的话，那么就害了你自己。比如案例中的小李，其成功源自在公司的经验积累和人际资源积累。只要多学、多做，就能提升我们的身价。如果我们不努力，那我们就不会有经验、不会有名气，也就不会有高身价了。

别因为工资少，我们就少干，或者因为自己是老员工，我们就摆资历而不求进步。我们不仅要做好现在的工作，还要以更高的标准来要求自己，让自己不断进步。我们掌握的东西越多，可利用的资源越多，我们在业内的知名度就会越来越高，在业内的影响力就会越来越大，身价自然也就越来越高。

不要总是因为一无所有而抱怨连天，应该学会利用周围的一切条件和资源来提升自己。当我们开发了可以利用的每一点可能，我们就会实现成功的最大化，身价也就得到了最大的提升。

第四章

二十几岁投资人际资源，三十几岁才能享用

为什么要跟成功人士在一起

二十几岁的年轻人所处的是一个多变的时代，我们喜欢用"瞬息万变"来形容这个时代。似乎很多东西都是我们把握不住的，对于成功的经验和模式也是如此，因此我们要学会把握成功模式和经验中最核心的东西。我们所要复制的不是成功人士的人生或者经历，而要学习他们的思维习惯。

心理学研究表明，环境可以让一个人产生特定的思维习惯，甚至是行为习惯。环境能够改变我们的思维与行为习惯，直接影响我们的工作效能与生活。和成功人士在一起，有助于在我们身边形成一种"成功"的氛围。在这种氛围中，我们可以向身边的成功人士学习正确的思维方法，感受他们的用心，了解并掌握他们处理问题的方法。

有这样一个故事，从中我们可以知道和成功人士在一起有多么重要。

"为什么你能成为千万富翁，而我只能成为百万富翁，难道我还不够努力吗？"一位百万富翁向一位千万富翁请教道。"你平时和什么人在一起？""和我在一起的全都是百万富翁，他们都很有钱、很有素质……"那位百万富翁自豪地回答。

"呵呵，我平时都是和千万富翁在一起的，这就是我能成为千万富翁而你只能成为百万富翁的原因。"那位千万富翁轻松地回答。很多时候，造成百万和千万富翁差距的是他们所处的环境不同，也就是说交往的朋友不一样。有时决定一个人身份和地位的并不完全是他的才能和价值，而是他与什么样的人在一起。一个人要想取得成功，就必须结交一些成功人士，为自己日后的成功铺路。

在一个财富论坛上，一位演讲者在谈起他成功的秘密时说："请大家写下和你相处时间最多的6个人，也是与你关系最亲密的6个朋友，记下他们每个人的月收入，从他们的收入我就知道你的收入。"大家觉得很有趣，纷纷写下了自己密友的收入。演讲者又告诉大家："接下来，请大家做一个简单的计算，你的收入大致就是你6个朋友月收入的平均数。"开始大家不信，但是经过验算后，发现基本应验了这一"真理"。演讲者最后说出了他的人生经验：一个人的财富在很大程度上由与他关系最亲密的朋友决定。就像犹太经典《塔木德》中所说的：和狼生活在一起，你只能学会嗥叫，和那些优秀的人接触，你就会受到良好的影响，耳濡目染，潜移默化，成为一名优秀的人。

和成功的人在一起，不但能学习他们成功的思维和模式，还可以得到他们的帮助，让我们在成功的路上越走越远。但是，通常情况下，我们很少有机会接近那些非常成功的人。没有关系，只要你的身边有一群准备成功的人，你也能被他们的情绪和冲劲感染，保持成功的欲望和信心。换句话来说，那些经历了失败、正在努力拼搏的人，也向你证明了某种方法的不可行性，这也是一种成功。

如何经营自己身边的高端人际资源

人际关系网对一个人事业的成败具有极大的影响,因此,与合适的人建立稳固的关系至关重要。也就是说,每个人都应把扩展人际资源网当作自己人生的长期任务,常抓不懈。只有这样,才能更快速地成功。

成功建立关系网的关键,是选择合适的人建立稳固的关系。良好的人际关系能开拓你的视野,让你随时了解周围发生的事情,并提高你倾听和交流的能力。

有的人整天忙忙碌碌,认识很多人,整天为应付自己找来的关系而叫苦连天。

虽然网织得很大,但漏洞百出,而且又有许多死结,结果使用起来没有效果,撒进海里网不到鱼。

人的精力是有限的,这时就要理顺关系网,该增的增,该删的删,该修的修,该补的补。

要织一张好的关系网,你必须费些心思,有步骤地进行。

1. 对关系进行筛选

把与自己的生活范围有直接关系和间接关系的人记在一个本子上,把没有什么关系的记在另一个本子上,这就像是打扑克中的"埋底牌",把有用的留在手上,把无用的埋下去。

2. 给筛选出来的人排队

要对自己认识的人进行分析，列出哪些人是最重要的，哪些人是比较重要的，哪些人是次要的，根据自己的需要给这些人排队。这就像打扑克中要"理牌"一样，明白自己手里有几张主牌、几张副牌，哪些牌最有力量，可以用来夺分保底，哪些牌只可以用来应付场面。

由此，你自然会明白，哪些关系需要重点维系和保护，哪些只需要保持一般联系和关照，从而决定自己的交际策略，合理安排自己的精力和时间。

3. 对关系进行分类

人们在生活中一时有难，需要求助于人，事情往往涉及很多方面，你需要很多方面的支援，不可能只从某一方面获得。

比如，有的关系可以帮助你办理有关手续，有的能够帮助你出谋划策，有的能为你提供某种信息。虽然作用不同，但对你都可能是至关重要的，所以一定要对各种关系的功能和作用进行分析、鉴别，把它们编织到自己的关系网中。

设计"网"也许不难，但是把它的内容落到实处就不那么容易了。一是要识门。也就是说，对于与自己求助的事情有重要关系的人员一定要清楚，要熟悉他们的工作内容和业务范围。二是要识路。也就是说，要熟悉办事的程序，先从哪里开始，中间有哪些环节，最后由什么部门决定，都应非常清楚，省得跑来跑去，重复找人。

有了一张好的"网"后，聪明的人就会懂得如何保护和维系这张"网"，使它一直有效。如果你不懂得维护，到你真正用时，就会发现这个"关系网"已经毫无用处了。

在维护人际资源关系网时，还要注意随时调整，因为世界上的一切事物都处于不断的运动、变化和发展之中。我们的人际体系，如果不随着客观事物的发展而发展，就会逐步处于落后、陈旧甚至僵死的状态。因此，一个合理的人际结构必须是能够进行自我调节的动态结构。动态原则反映了人际结构在发展变化过程中前后联系上的客观要求。

所以，要不断检查、修补关系网，随着部门调整、人事变动而及时调整自己手中的牌，修补漏洞，及时进行分类，不断从关系之中找关系，使自己的关系网一直有效。

在实际生活中，需要调整人际结构的情况一般有以下三种：

1. 奋斗目标的变化。也许你的奋斗目标已经实现，也许你的奋斗目标变了，比如从拼职场变为创业，这需要你及时调整人际结构，以便为新的目标有效地服务。

2. 生活环境的变动。在当今这样的信息社会，人口流动速度空前加快，本来在A地工作的你，忽然到B地去上班。这种环境变动，势必引起人际结构的变化。

3. 某些人际关系的断裂。天有不测风云，朝夕相处的亲人去世了，在悲哀的同时，不能不看到人际结构的变化。

调整人际结构有被动调整和主动调整两种，不管是何种调整，都要求我们能迅速适应新的人际结构。

为此，我们在建造人际结构时，就要努力为自己建造一种善于进行新陈代谢的、高等的开放性人际结构。而一切使人际结构僵化、固定化的态度和方法，都是应当抛弃的。

好人际资源慢慢经营，切勿急功近利

俗话说："平时不烧香，临时抱佛脚。"那样做，即使是慈悲为怀的佛祖，也不会帮助你。这就像有些人做人往往过于功利，平时对人不冷不热，甚至还冷嘲热讽，有事时却像是换了副面孔似的，又是送礼，又是送钱，显得特别热情，但这样的人往往很难成功。平时多去"冷庙"烧香，急时自有"神仙"相助。

很显然，人与人之间的关系会随着平时联络的增加而加深，久不见面的朋友自然会日渐疏远。建立人际资源，就是要把朋友都兼顾到。虽然身为上班族，但也不要一天到晚都埋头在办公桌前，不论多么忙碌的人，也总会有吃饭和休息的时间。至于那些从事业务工作的人，整天都在外面奔波，这样可以利用在外面跑的机会，联络那些久疏联络的朋友。

至于整日守在办公桌边的人，不妨利用午餐时间，与在同一地区工作的朋友共进午餐。与其每天一个人吃饭，不如偶尔打个电话约其他朋友一起吃顿饭，如果没有时间一起吃饭，一起喝杯咖啡也可以。斤斤计较的人，很难拓展自己的人际关系。虽然上班族的收入有限，得靠省吃俭用才能存一点钱，但是若因此失去与朋友来往的机会，就得不偿失了。

下班后，与朋友一起喝杯茶。不论是迎新送旧还是大功告成,找各种理由大家一块儿聚聚,这不只是大家互相联络感情,也是松弛一下紧张许久的神经的好机会。

对人情的投资,最忌讳急功近利,因为这就成了一种买卖,甚至是一种贿赂。如果对方是有骨气之人,更会感到不高兴,即使勉强接受,也并不重视;即便日后回报,也是半斤还八两,没什么好处可言。平时不联络,事到临头再来抱佛脚就来不及了。人际资源不只在建立,也要重视平时的经营,否则时间长了,人际关系也就淡了。

从现在起,多注意一下你周围的朋友,若有值得"上香"的"冷庙",千万别错过了。

管好人情账户，不要打折不要透支

说到人情，谁也不敢怠慢。生活的经验是，你必须在银行里储蓄足够的金额，到你困难的时候，你才能从银行里从容地取出存款，以解所需之急。反之，不肯增加储蓄而只想大笔支取的人是没有人愿意理会的，这样的银行账户也是根本不存在的。你毫无储蓄，到需要用钱时，也就必然无钱可用，只有欠债了。欠债总是要还的，到头来还是要储蓄。

人与人之间的关系也是这样。每个人的心中都有一个银行，都设有一本感情账。而能够充实感情账，使感情储蓄日益丰厚的，只能是你对他人真诚的关心、支持和帮助。互助互利是彼此信任的基石，没有较深的感情则没有彼此的信任。重视情感因素，不断增加感情的储蓄，就是积聚信任度，保持和加强亲密互惠的关系。

你在感情的账户上储蓄，就会赢得对方的信任，那么当你遇到困难，需要帮助的时候，就可以凭借这种信任助你渡过难关。

钱钟书先生一生日子过得比较平顺，但困居上海孤岛写《围城》的时候，也窘迫过一阵。辞退保姆后，由夫人杨绛操持家务，所谓"卷袖围裙为口忙"。那时他的学术文稿没人买，于是他写小说的动机里就多少掺进了挣钱养家的成分。一天500字精工细作，却又不是商业性的写作速度。恰巧这时黄佐临导演上演了杨绛的四幕喜剧《称心如意》和五幕喜剧《弄假成真》，并及时支付了酬金，才使钱家渡过了难关。时隔多年，黄佐临导演之女黄蜀芹之所以独得钱钟书亲允，开拍电视连续剧《围城》，实因她怀揣老爸一封亲笔信的缘故。

钱钟书是个别人为他做了事他一辈子都记着的人，黄佐临40多年前的义助，钱钟书40多年后还报。这真是多一个朋友多一条路，没有40年前的人情，也就难有40年后的路子。

在生活中，财富固然重要，可是储存黄金远远不如储存人际资源重要。因为黄金是不可再生资源，花掉了，用完了，也就消失了，但是人际资源不一样，你完全可以利用它创造更多的价值。激励大师安东尼·罗宾说："人生最大的财富便是人际资源，因为它能为你开启所需能力的每一道门，让你不断地成长，不断地贡献社会。"

有一个美国女人叫凯丽，她出生于贫穷的波兰难民家庭，在贫民区长大。她只上过6年学，也就是只有小学文化水平。她从小就干杂工，命运十分坎坷。但是，她13岁时，看了《全美名人传记大成》后突发奇想，要直接和许多名人交往。她的主要办法就是写信，每写一封信都要提出一两个让收信人感兴趣的具体问题。许多名人纷纷给她回信。再一个做法是，凡是有名人到她所在的城市来参加活动，她总要想办法与她所仰慕的名人见上一面，只说两三句话，不给人家更多的打扰。就这样，她认识了社会各界的许多名人。成年后，她经营自己的生意，因为认识很多名流，他们的光顾让她的店人气很旺。于是，她也成了名人和富翁。

凯丽就是用在银行存钱的方式建立她的人际关系——先存再提！

"先存再提"说来有些现实，但若从另一个角度来看，和别人建立良好的人际关系本来就有这样的好处，人与人相互连接、相互需要的，不能光用现实的眼光来看；而这些人际关系，必将成为你这一生中最珍贵的资产，在需要的时候，会对你产生莫大的作用。就像银行存款一样，少量地存，有急需时便可派上用场。而别人对你的善意的回报，有时是附带"利息"的，就好比银行存款生利息那般。

那么如何积存人际关系呢？

1. 给人好处需有度

短时间内给人太多的好处，别人会怀有疑虑，以为你别有用心，而采取防卫的态度。凡事有度，过犹不及。给人好处也要给得自然、有诚意，他人方好接受，感恩于你。

2. 关怀别人需适时

关怀没有标准，实质的关怀、精神的关怀都可以，在对方不得意或生活遭遇困难时，这种关怀特别具有力量。

3. 不要伤害别人

有心或无心的伤害对人际关系的损害都很大，如果不能主动积极地去建立关系，至少也不可轻易得罪人。

4. 不临时抱佛脚

对方知道你有较重要、麻烦的事要他帮忙，你临时抱佛脚而施与人情也是不值钱的，至多能把你所托之事办下来，下次有事再托时，还要重新送上情分，就像人情买卖一样，一把一利索。倘若对方办不了此事，或者你所请托的事情太麻烦，需要耗费大量心力，对方也不会轻易领你这份"情"，甚至干脆回绝你这份"情"，让你讨个没趣或尴尬难堪。

需要指出的是，有些人喜欢用人情来办事，但人情是有限量的，你存得越多，领出来的钱就越多；存得越少，领出来的就越少。你若和别人只是泛泛之交，能要他帮的忙就很有限，因为他没有义务和责任帮你大忙，你也不可能一次又一次要他帮你的忙，这是因为你的人情存款只有那么一点点。如果你要求得多，那就是透支了。透支的结果如何？当然也有人不在乎，但一般会造成两个结果：要么你们之间的感情转淡，甚至他对你避之唯恐不及，那么有可能进一步发展的情分就此断了；要么你在他眼中变成了不知人情世故的人，这对你是相当不利的。

那么，我们怎样做才能防止人际资源透支呢？

首先，弄清楚你和对方的情分如何，再决定是否找他帮忙。

其次，如果能不找人帮忙就尽量不找人帮忙，就好像银行存款，能不动用当然最好，宁可把这人情用在刀刃上。如果动不动就动用人情，那么当你真正遇到大事需要别人帮忙的时候，才发现你的人情存款可能已经寥寥无几了。

再次，当别人帮助了你之后，你要有适度的回馈，也就是"还人情"。如果你不了解这些，动辄找同学、朋友帮你的忙，那么你就会发现，你慢慢变成了不受欢迎的人。当然也有主动帮你忙的人，但切勿认为这是理所当然的，你若无适度的回馈，就是一种透支。回馈有很多种，例如，主动去帮对方、请吃饭、送礼物都可以。总之，不要把人家帮你忙当成应该的，有"提"有"存"，再提还有。

最后，对于那些斤斤计较的人，你们交情再深，也不可轻易找他帮忙,否则这人情债会像在地下钱庄借钱那般,让你吃不消。就算对方曾欠你情,你也不可抱着讨人情的心态去要求对方帮忙,因为这很有可能引起他的不快。

总之,在现代这个合作共赢的年代,每个人做事都不可能单打独斗,遇到自己办不了的事情,就需要动用到你的人际资源了。所以,我们一定要经营好自己的人际资源,不要随意透支人情,让你的人情存折缩水。

有四种朋友这一生不可错过

一个篱笆三个桩，一个好汉三个帮。朋友是我们人生路上最不可缺少的。没有关羽、张飞，刘备难成大业。如果在人生的道路上只有你一个人独自默默前行，那你将是非常寂寞的，也是非常可悲的。

俗语说："多个朋友多条路，多个仇人多堵墙。"现代社会，随着生活节奏的加快，社会变得浮躁，人们变得功利，人与人之间的关系变得冷漠，人与人之间有着太多分辨不清的是非真伪，以至于我们对"朋友"的称谓产生了畏惧。那么，真正的友谊究竟是怎样的，人的一生到底需要什么样的朋友呢？

要想成功和幸福，必须结交这样四种朋友：

1. 支持你的朋友

孔子说："君子和而不同，小人同而不和。"如同金庸笔下《射雕英雄传》里的江南七怪，他们的武功与性格各异，但是却在立志行侠仗义这一点上相"和"。儒家谈"交友"，兼顾两面：一是志同道合，二是互相责善。就"志"与"道"而言，是指尚未实现的理想或正在努力的方向，因此同归而不排斥殊途，同时还要以"善"来互相期许和要求。

回到我们现实的社会生活中来，现代社会早已打破了自给自足的封闭状态,在这个竞争激烈的年代,无论做任何事都需要大家协同才能够抵达成功的彼岸。

　　支持你的朋友会不断地激励你,让你看到自己的优点,给你如何发挥自己优势的建议。这类朋友也可称之为导师型,他们不一定是你的师长,但他们一定会在某些领域具有丰富的经验;他们不会嫉妒你,也不会和你产生竞争;他们经常能在事业、家庭、人际交往等各方面给你提供许多建议。

　　还有一种朋友,他们可能是你内心的心理支柱,有时候可能会成为能够"左右"你的决定的人。他们常常会在别人面前夸赞你、维护你以及尊重你的信念,他们是你的最佳拥护者。这类朋友可称为"伙伴型",当你遇到挫折时,这类朋友往往可以帮你分担一部分的心理压力,他们的信任也恰恰是你的"强心剂";当你受到别人非议的时候,他会挺身而出为你辩护,站在你的一边;当你落魄的时候,他会不加考虑地向你伸出援助之手。通过你帮我、我帮你,相互打气,使得你们彼此成为对方成长的扶梯。

　　2. 志同道合的朋友

　　这类朋友和你兴趣相近,与他们在一起,常会有种心灵感应,俗称"默契"。和他们交往会帮助你不断地进行自我认同,你的兴趣、人生目标或是喜好,都可以与他们分享。这种稳固的感受"共享"会让你获得心理上的安全感,因为有他们,你更容易实现理想,并可以快乐地成长。这样的友谊,会让你们成为一辈子的朋友。

　　3. 牵线搭桥的朋友

　　这类朋友在认识你之后,会很快把你介绍给其他的朋友认识。这样的朋友可以称为是"中介型"的朋友。在你得意的时候，他们的身影可能并不多见；在你失意的时候，他们却会及时地出现在你面前。他会发动他所熟悉的朋友，想各种办法帮你牵线搭桥。他们始终愿意给予你最现实的支持，让你看到希望和机会。有了这样的朋友，你会发现你的交友范围在成倍地扩大，在不知不觉中你可利用的资源也在无形地增长。

4. 开阔眼界的朋友

这类朋友能让你接触新观点、新机会，对于人生也是必不可少的。他们可谓是你的"大百科全书"。他们大都知识广、视野宽、人际脉络多，对天文地理、古今中外、风土人情无所不知。当你遇到问题的时候，总能在他们那里找到答案。

好的朋友让你终身受益，而狐朋狗友则可能让你本来无限光明的前途毁于一旦，所以结交朋友一定要慎重。

真正的朋友可能是那个你平常并不怎么关注的人，所谓"患难见真情"，那个在你陷入困难时向你伸出援助之手的人才是真正的朋友。

人生中，好朋友难得，所以要倍加珍惜。有了朋友的支持，有了朋友的帮助，有了朋友的关心，你的生活才会无限精彩，你的生命才会无憾。

二十几岁，凭什么让人喜欢你

我们在生活中总会有这种感觉，不时会觉得周围的人都不喜欢你，都厌恶你。其实，这种感觉并非你一个人独有，很多人都会偶尔有这种感觉。这种感觉的来源一般说来有三个：一是讨厌你的人确实不少；二是你对自己要求过高，过于自恋，想让大家都喜欢你，都围着你转，都对你尊敬有加；三是你的心理作用，总感觉别人都不太重视你，甚至厌恶你。

其实应该反过来想想，你周围的人是否都很受人喜欢呢？你是否对周围其他的人尊敬有加呢？

针对上面的种种情况，我们应该对症下药，才能解决问题。保持一种平和的心态，做好你自己的事，对别人尊敬，多替别人着想，尽量改变自己的一些不好的习惯和举止。还有很重要的一点，就是要对自己有信心。大多数时候，并不是每一个人都会是那种让人讨厌的人，之所以有时会有这种感觉，多是自卑心理在作祟，所以很重要的一点就是要自信。

自信是个人对自己所做各种准备的感性评估。自信是成功的必要条件，是成功的源泉。相信自己行，是一种信念。自信是人对自身力量的一种确信，深信自己一定能做成某件事，实现所追求的目标。自信不能停留在想象上。要成为自信者，就要像自信者一样去行动。我们在生活中自信地讲了话，自信地做了事，我们的自信就能真正确立起来。面对社会环境，我们每一个自信的表情、自信的手势、自信的言语都能真正在心理中培养起我们的自信。真的拥有了这种自信的气质，你就会发现，周围有很多人还是非常喜欢你的。

一个女孩回忆说：记得刚踏进单位大门时，心里好紧张，领导找我谈话时，我的手心紧紧地捏了一把汗。现在想想，自己当时太不自信，适应能力好差，还没从学生的角色转换过来。

后来，我通过自身的有效调整，慢慢地，增强了自己的社会适应力，提高了应付挫折和挑战的能力，并坦然地面对失败和困境，不断改变和完善自身的不足和缺点，不放过任何一次展示自我能力的机遇。很快，我就从自卑和不自信的阴影中走了出来，走向充满信心和勇气的自信之路。

以下这些做法可能会有助于我们提升气场，提高亲和力，赢得别人的喜欢和尊重。

1. 想到的时候，就开始去做

有许多好的构思和设想，特别是工作上的改进和更新，你设计好了一切，但是却迟迟不肯行动起来，整天想着如果失败了，那怎么办，说明你对自己的工作能力缺乏必要的信心。你从不去和同事及上司交流，一旦等到别人行动并成功以后，才知道后悔。这样下去，你所有的努力都白费了，同样，你就会觉得自己更加不如别人，也就对自己更加没有信心了。

设定了正确的目标，就必须立即行动起来，发现问题，可以一边调整，一边改进。机遇人人都有，成功不是等待出来的，顾虑解决不了问题，只有行动，才是改变现状的最佳选择。许多时候，行动起来，改变姿态和加快速度，可以改变一个人的心理状态。动作敏捷或拖拖拉拉，也是衡量一个人的自信与自卑的重要尺度。

2. 把微笑挂在脸上

笑是一种推动力，更是一种很有效的心药，笑能治愈你的自卑心理，化解你对别人的敌对情绪，缓解你紧张而疲惫的心态。每天早上起床的时候，别忘了提醒自己：今天我要笑着去面对工作生活中的一切。记住：不管是在什么样的情况下，笑肯定比忧愁更能解决问题。

如果说上面这位职场新人的成长过程教会了你如何在职场克服自卑，让大家都喜欢自己，那么下面这18个要点，就是测试你的人际关系如何了——大家是真的讨厌你，还是你自己杞人忧天呢？

（1）你有多少个校园同学与家庭亲友以外的社会上认识的人？所谓认识，在这里是指能说得上话，必要时可以寻求帮助的人。

（2）在你所交往的社会关系中，他们所从事的职业岗位是什么？有多少人是做领导、老师或者人缘很好的？

（3）你与这些朋友经常保持联系吗？尤其是在不需要别人办事的时候，你会有意识地主动去询问与关心别人的需要吗？你觉得你的朋友很帮你的忙吗？

（4）你有多少个年龄比自己大10岁以上的朋友和比自己小5岁以下的朋友？你的朋友是不是都是同龄人？

（5）你通常从哪些途径认识人？最重要的渠道是什么？你会经常挖掘一些新的社交渠道吗？你觉得你只需与自己的专业或

者职业领域的人交往吗？

（6）你会主动和陌生人说话吗？通常你用什么话题引起对话？你会担心别人不理会你吗？如果别人真的不理会你，你会怎么办？

（7）你可能因为某种原因接触了一个陌生人，有了初步的交往，你用什么方法进行后续的交往，以使得他成为你社会网络中相对稳定的成员？

（8）你内心渴望参加有陌生人参加的集体活动吗？准备参与这样的活动，心理感受是怎样的？

（9）你在一群认识不久的朋友中，通常是找到赞扬每个人的机会，或是表现自己的机会，还是指导甚至批评大家的机会？

（10）陌生人的相貌对于你来说是吸引你去交往的主要动力吗？遇到相貌一般甚至不好的人，你会如何反应？

（11）成为你朋友的人通常是和你个性接近还是互补的人？你通常要花很长时间才能了解对方的个性与品行吗？

（12）有不少人很有能力或者知识，但可能是你表面上不喜欢的人，你会怎样与这类人相处？

（13）你最擅长怎样的聊天话题？你懂得怎样与不是很熟的人在一起时把话题引到自己擅长的话题上来吗？如果别人擅长的话题你不是很懂，你会用怎样的态度对应？

（14）你会很担心自己在与陌生人交往时碰到色狼、骗子或者某种坏人吗？这种担心你是如何化解的？

（15）遇到陌生的异性与自己主动打招呼时，你会如何反应？你内心把对方想成怎样的人？你会主动与陌生的异性打招呼吗？你在打招呼的时候的行为表现有何特点？

（16）你会主动去接触和学习一些社交的知识与技能吗？或者，你是否有一些社交的榜样或者导师？

（17）你相信社交能力只能在社交中培养，在积极社交中，你有有心留意，经常总结经验而得到提升吗？你自己真的是这样做的吗？

（18）你是相信人际交往是有益的事情，任何经验都是财富，还是相信人应该谨慎防范，过于积极的社交将得不偿失？

这些问题没有完全的对错答案，但是不同答案显示了我们社交能力与模式的差异，还有我们社交水平的高低、利用社会资本的能力的距离。也许我们可以以此测量自己的社交状况，也可以了解朋友的社交状况。

最后，再分享几个让别人喜欢自己的小小技巧，从细节做起，做到了这些，相信大家都会对你笑脸相迎。慢慢地，你就会觉得生活美好了。但是，自己一定要努力哦！

（1）如果长得不好，就让自己有才气；如果才气也没有，那就保持微笑。

（2）气质是关键。如果时尚学不好，宁愿纯朴。

（3）与人握手时，可多握一会儿。真诚是宝。

（4）不必什么都用"我"做主语。

（5）不要向朋友借钱。

（6）不要"逼"客人看你的家庭相册。

（7）与人打"的"时，请抢先坐在司机旁。

（8）坚持在背后说别人好话，别担心这好话传不到当事人耳朵里。

（9）有人在你面前说某人坏话时，你只微笑。

（10）自己开小车，不要特地停下来和一个骑自行车的同事打招呼。人家会以为你在炫耀。

（11）同事生病时，去探望他。很自然地坐在他病床上，回家再认真洗手。

（12）不要把过去的事全让人知道。

（13）尊敬不喜欢你的人。

（14）对事不对人，或对事无情，对人要有情。做人第一，做事其次。

（15）自我批评总能让人相信，自我表扬则不然。

（16）没有什么东西比围观者们更能提高你的成绩了，所以平常不要吝惜你的喝彩声。

（17）不要把别人对你的好，视为理所当然，要知道感恩。

（18）榕树上的"八哥"在讲，只讲不听，结果乱成一团，故而要学会聆听。

（19）尊重传达室里的师傅及搞卫生的阿姨。

（20）说话的时候记得常用"我们"开头。

（21）为每一位上台唱歌的人鼓掌。

（22）有时要明知故问：你的钻戒很贵吧！有时，即使想问也不能问，比如：你多大了？

（23）话多必失，人多的场合少说话。

（24）把未出口的"不"改成"这需要时间""我尽力""我不确定""当我决定后会给你打电话"……

（25）不要期望所有人都喜欢你，那是不可能的，让大多数人喜欢就是成功的表现。

（26）最重要的，自己要喜欢自己。

年轻人交朋友要有点弹性

交际圈中总会有你看不顺眼的人或者不喜欢你的人,"以恶为仇,以厌为敌"是不行的,久而久之,你会无路可走,自身也会成为众矢之的。不任性,不以爱恶喜厌定交往是一个人走向成熟的标志。

所以说,交朋友要保持弹性。所谓弹性,也可以说是对人的一种容纳,大部分人交朋友都弹性不足,因为他们交朋友有太多的原则,比如:看不顺眼的不交,话不投机的不交,有过不愉快的不交……

为人处世有自己的原则,也没有什么不好,但问题在于原则的弹性。这时所谓的弹性是指没有不能交的朋友。你看不顺眼的人并不一定是小人,甚至他们还有可能是对你有所帮助的人,你若拒绝他们,未免太可惜了。你会说,话不投机又看不顺眼还要"应付"他们,这样做人会太辛苦。是很辛苦,但你就是要有这样的功夫(除非你想受一辈子穷,或者看破红尘),并且不能让他们感觉你是在"应付"他们。要做到这样,唯有敞开心胸,别无他法。

1. 不是敌人,就是朋友

有些人以"不是朋友,就是敌人"作为个人交往的界限和原则，这样做会使你的敌人一直增加，朋友却一直减少，最后让自己孤立。应该改为"不是敌人，就是朋友"，这样你的朋友才会越来越多，敌人越来越少！没有永远的敌人，也没有永远的朋友；敌人会变成朋友，朋友也会变成敌人，这就是社会的现实。当朋友因某种缘故而成为你的敌人时，你也不必太忧伤感叹，因为有一天他有可能再度成为你的朋友！有这样的认识，才能以平常心来交友。

2. 和小人交往，并没有降低你的人格

或许你会觉得对于那些性格和观点不一致的人，固然不应该以爱恶喜厌来处理同他们的关系；但有些人应对那些品质不太好、行为不太检点的人时，却总会这样想：和他们过不去又何妨呢？而且，如果和他们交往岂不是降低了自己的人格？

就感情而言，这种人的确很令人憎恶和讨厌，但这并不等于一定要和他们过不去，更不应置之于死地而后快，只要他们不是不可救药的人，你就应当尽量和他们沟通，并满腔热情地接近他们、团结他们、感化他们、帮助他们。这并不是降低人格，而恰恰是你具有高尚人格的表现。相反，要是人家一有错误和不足，就把人往死里打，往坑里推，这不但暴露了自己人格的低下，而且显得心胸也太狭窄了。

3. 放下你的身份

身份和地位是交朋友的一大障碍，也是树立敌人的一个原因。比如说，你学历很高，但是千万不要以为自己是博士，就不去理会一个工人。在交朋友的弹性这件事上，囿于身份、地位也会使你交不到朋友。

《礼记》中有这样一句话："水至清则无鱼，人至察则无徒。"完美主义用在与人的交往上实在是不明智之举，因为每个人都有这样那样的缺点，而你一旦盯住这些不放，那无疑就会放大了对方的这些缺点，你自己也变得爱挑剔以致令对方无法容忍。试想这样的人，你会愿意与他交往吗？这种弹性不足的人，在我们生活中会经常遇到。因此，要想结交到更多的朋友，就应该多着眼于别人的优点和长处，这样你自然也会变得宽容许多。许多看似不可交往的人，也有可能成为你的朋友。看看那些在社会上好友多多、到处吃得开的人，都是那些心胸宽广、随和豁达的人。

不过，有一点需要说明的是，这里结交的朋友指的是广义的朋友，因为普通朋友和知己还是要有所分别的，对知己可能要更"挑剔"一些，而且知己毕竟是少数。但知己也是由朋友发展而来的，泛交的朋友多多者，拥有知己的机会也会多于常人，因此无论是想拥有更多的朋友还是知己，都少不了掌握交友的弹性。

第五章

二十几岁要练"嘴",不要输在不会表达上

语言有点弹性，有时候话要模糊说

二十几岁的年轻人，有时候易犯的一个错误是过于"洒脱"，不看重语言的力量，认为多说话是自找麻烦，没必要。事实上，在人的一生中，时刻都面临着人际沟通的问题。如果认识不到这一点，那就可能会遇到很多麻烦。因此，我们每个人都要掌握一点沟通的艺术，给你语言增加点弹性。

在与人沟通时，有时会遇到一种棘手的情况：正面回答别人的问题不行，反面回答对自己也不利，不回答根本就做不到。面对这种让人颇伤脑筋的问题，最佳的办法便是采取迂回战术，让语言保持适当的弹性，使别人的问题有如打在海绵上一样。这是一种高超的说话技巧，有心的年轻人可以尝试在现实生活中应用。

有这样一则寓言故事：

百兽之王的狮子想吃掉其他兽类，但苦于找不到借口。一天，狮子心生一计。它张开大口让百兽闻自己的嘴巴是香还是臭。首先是狗熊，它闻过后如实地说："有股肉的腥臭味。"

狮子怒道："你不尊重我，留你何用！"于是将狗熊吃掉了。

第二天，轮到猴子来闻。鉴于头天狗熊的教训，它乖巧地说:"哟,好一股肉的清香味啊!"

狮子又怒道:"你溜须拍马,留你何用!"将猴子也吃掉了。

第三天,轮到兔子来闻。它知道,说臭要被吃掉,说香也要被吃掉,于是它凑到狮子嘴边,故意闻得十分认真,却老不开口说话。

狮子急了,催兔子快说。

兔子便说道:"大王,昨晚我受了风寒,感冒鼻塞,闻了这么久,实在闻不出什么味。等我好了,鼻子通了,再来闻吧。"狮子无奈,只好放了兔子。

兔子在这里巧妙地回避了狮子所提出的问题,而用"无可奉告"来表明自己的态度,这种走"第三条"道路的方法,是它求得生存机会的唯一出路。

另外,当你想指出别人某些缺点的时候,最好不要直接说出来,而要避开问题的关键,换一种方式来表达。

巧妙回避不宜直言的问题,还有很多种不同的方式,你可以采用类比的方式,借助事实说话,也可以含糊其词,在一些不必要、不可能或不便于把话说得太实、太死的时候,利用"模糊"语言让你的表意更有"弹性"。

在说话这件事上,千万不要"一视同仁"

当今社会,人们交际的圈子越来越大,面对的交际对象也是性格迥异。有的人比较内向,不仅自己说话比较讲究方式方法,而且也希望别人说话有分寸;有的性格外向,粗犷豪放,希望和他谈话的人也都是不拘小节,自由奔放,反而是那种繁文缛节、规规矩矩的谈话方式让他反感。因此,与不同的人打交道时,要注意用不同的说话方式,尽可能使对方感到舒服和应情应景。

所谓"见什么人,说什么话,上什么山,唱什么歌"说的就是这个道理。所以,在说话这件事上,你万不可"一视同仁",否则,只会费力不讨好。

有这样一个小笑话:一艘船在行驶中,船上的乘客来自多个国家。船在行驶到一半路程的时候,船长发现由于超载,船就要倾覆了,此时既没有港口又不能靠岸,唯一的办法就是甩下几名乘客。

船长先找到一个日本人,告诉他船要沉了,唯一可以逃生的办法就是游过去,赖在船上就是死路一条。怕死的日本人逃生技术高超,立刻跳入水中。船长又找到一个德国人,告诉他这是服从纪律的需要。德国人也跳下去了。船长又告诉法国人,让他别怕,并预言他跳水的姿势一定很漂亮。虚荣心得到满足的法国人也跳了下去。轮到苏联人，船长告诉他这是革命的需要，苏联人二话不说就跳了下去。船长又找到一个美国人，美国人不无论如何不肯跳。船长说："放心，你的船票中我们已经给你投了100万美元的保险。"美国人也跳了下去。

人分三六九，物分纲科目。说话方式是要根据你的对象而异的。所谓具体问题具体分析，就是不能搞一刀切，不能对待任何问题都用一种眼光、一种态度、一种办法来解决。譬如，知道对方喜欢什么，就多说一点这方面的话题；而对方厌恶什么、忌讳什么，就尽量避开他所忌讳的话题。这样，就容易拉近你和对方的距离了。

某人擅长奉承，一日请客，客人到齐后，他挨个问人家是怎么来的。第一位说是坐出租车来的，他大拇指一竖："潇洒，潇洒！"第二位是个年轻人，说是自己开车来的。他惊叹道："时髦，时髦！"第三位显得不好意思，说是骑自行车来的。他拍着人家的肩头连声称赞："环保，环保！"第四位说是走着来的。他也面露羡慕："健康，健康！"第五位见他捧技高超，想难一难他，干脆说自己是爬着来的。他击掌叫好："稳当，稳当！"

我们在这里所说的是说话的一种技巧，并不是说要赢得别人的好感，就要迎合拍马。重要的是，要做到"见什么人，说什么话"就必须做到事前充分准备，多去了解对方，留意对方的兴趣、爱好，了解其心思，这样才能"对症下药"。要想把话说到对方的心坎儿上，就要时刻注意揣摩你的交际对象心里在想什么。如果你说的话与对方的心理相吻合，对方就乐于接受；反之，就会使对方产生排斥和抵触心理。

大千世界有各色人等，他们的心理特点、脾气秉性、语言习惯各不相同，这些因素决定了他们对语言信息的要求也是不同的。不能用统一的标准或方式来交流，因人而异是非常必要的。所以，我们在说话的时候就要注意对方的性别差异、年龄差异、地域差异、职业差距、文化差异等。领悟到其中的奥秘，对你的生活是大有裨益的。

不怯场，关键时刻要能口若悬河

生活中，不可避免地要遇到当众讲话的情况。当众讲话，对于任何人来讲都是一次考验，讲得好，便能充分表达自己的见解，促进沟通、提升个人影响力；讲得不好，就可能引起他人的反感，或者使自信心受到打击。学会当众讲话是十分重要的，这就需要我们掌握当众讲话的技巧。

羞怯心理是人们当众讲话的最大障碍，只要你克服了这种心理，勇敢地向受众展示自己，你就已经开始迈向成功了。

所以，消除心中的羞怯感是训练语言能力的第一步。

那么，怎样才能消除羞怯感呢？

1. 把精力全部放在事件发生时的情景上

不要把注意力放在你的个性或者其他的行为上，如果你因受到责备而过于胆怯，或回忆曾经有过的任何不适当的害羞行为，只能使你变得更加羞怯，甚至使你感觉更加无助和绝望。

只有在害羞能和我们的记忆中还十分鲜明的事件联系起来的时候，才能处理害羞这个问题。比如，在晚会上，你因害羞无法参与晚会的游戏而感到痛苦，那么就应该首先去了解游戏，去接近正在做游戏的人——虽然表面上显得令人害怕，但却可以让你真正感受到这个游戏实际上没有一点危险，甚至还很有趣。你甚至可以在适当的时候玩相同的游戏，这样就能从中获得更多的乐趣。

2. 借助周围的人激励自己

来自亲人的夸奖，对你而言是种激励，但有的时候，朋友甚至陌生人所给予的赞美，对你的影响更大，往往会成为促使你进步的最好动力。

当听到别人的赞美和鼓励时，你首先要相信是自己的表现打动了他们，要相信他们的赞美是真诚的和发自内心的，在这样在一种良好的心态下接受赞美，进而增加自信。

历史上的领袖人物大都非常自信。所以在讲话时，他们神态自若、思维敏捷、记忆精确，兴奋与抑制过程始终处于最佳状态，应对自如、毫不做作、真切动人，从而产生极强的感染力和说服力，使表述目的得到最佳显现。

如果你只是普通的害羞病患者，只是因为害怕别人笑话才显得羞怯，这里有一个简单有效的克服方法，就是反问自己：为什么会怕人嘲笑呢？

是因为之前有过这样的经历？如果你的症结是这一点，那么，就好好回忆一下：在什么时候，在什么人面前，因为什么遭人嘲笑。

常常是因为某些事情刺激了你的心灵，最初怕某些人或某件事，后来就笼统地全怕起来。即使那个人或那件事早已不存在了，而你的"怕"却从此附在你身上，现在只要把以前笑你的人，或是导致你受人取笑的那句话找出来，仔细分析一下，就可拔除"怕"的"根"。

不就是有某个人笑过你吗？这就是说，并不是所有的人都会笑你。不就是因为某句话，别人才笑你的吗？这就是说，并不是你说的所有的话别人都会笑你。可笑的只是那句话，别人说了那句话，你也会笑的。自然，你必须明白，为什么那句话可笑，如果笑你的人喜欢取笑别人，那么，错不在你，你只要对这种人敬而远之或遇上时义正辞严就可以了。

所以，你要学会丢掉你的羞怯感，勇敢一点。

掌握一点口语化讲话艺术

在当众讲话的过程中，还有一个几乎人人皆知而又常常被忽视的特点，就是口语化。按理说，当众讲话主要是口语表达，语言的口语化本该不成问题，但由于当众讲话总比一般的随意交谈或在非正式场合的说话更规范、文雅和生动，也由于许多人在准备稿子的时候常常要堆砌辞藻、雕章琢句或摘抄报章，还以为是讲求文采，这就容易使演讲的语言"文章化"。

那么，怎样做到演讲的语言口语化且更具影响力呢？

第一，尽量用双音节词，并注意词语的音节搭配。口语是线性语流结构，以声传意，转瞬即逝，不像读书看报，一遍看过去没弄清，还可以再看两遍，所以同义词最好用双音节或多音节的，而不要用单音节的。古汉语之所以难懂，多用单音节词是原因之一。好在现代汉语的词语大多由原先的单音节变为双音节或多音节了，这就容易让人听清楚，更适合于"口传"或"耳收"。例如，说"我初次谈恋爱时"就不如说"我第一次谈恋爱的时候"更为顺口入耳；说"因我没经专门的演讲训练"，就不如说"因为我没有经过专门的演讲训练"显得清晰、流畅。当然，单音节词并不是一概不能用，而是表达同样的意思最好少用单音节词，多用双音节或多音节词。

第二，在用词风格上，多用通俗生动的"现成话"，而不要文白夹杂。口语也要修辞，多用俗谚俚语和选用职业术语、绝妙类比。也就是说，口语要多用浅显通俗、生动活泼的"现成话"。诗人艾青十分精通典雅的语言，但他却在《诗论》中强调说："最富于自然的语言是口语。"

通俗不是浅薄庸俗、单调乏味，而是为了既易懂，又具体、生动、活泼、形象。老舍在他的作品中之所以尽量多用口头语言，不仅是为了叫人明白易懂，而且是为了使语言生动活泼。正如秦牧在《艺海拾贝》中说的："历代以来，开一代文风的杰作，起前代之衰的妙文，都在一定程度上一反因循守旧的书面语的习惯，勇于运用活生生的口头语言。古代的说书人，讲到故事中的人物心头不安时，不说忐忑不安，却说'心里有十五个吊桶打水，七上八下'；讲到羞耻时，不说满面羞赧，却说'恨不得有个地洞钻下去'；讲到赶快逃跑时，不说赶快逃跑，而说'只恨爹娘少生了两条腿'；讲到着急时不说着急，却说'急得像只热锅上的蚂蚁'。所有这些都博得听众的赞赏和喝彩，而且流传至今仍有强烈的形象性、新鲜感。"

人们往往有一种习惯性的看法，认为口语简单粗浅，而书面语应当完善而文雅。实际上，现代实用语言在口头和书面两方面并无多大差别，也不该有多大差别。有些人讲话、致辞或回答问题时总要按照稿子念。如果你的口语不生动，不善于脱稿讲话，那么你写出来的稿子也往往是平板冗长、干巴乏味的，当然也就不具备口语的特点。不是口语化的东西又用嘴说，这就是某些人的口语表达既不通俗又不生动的主要原因。而另一种倾向是只求简单明了，不求细致生动，这就流于粗俗和浅陋。正确的理解和做法是，书面语言要尽量多用通俗而生动的口语，而在口语表达上要尽量吸收书面语中那些精练而严谨的词语。只有这样，我们的语言才会通俗易懂又生动活泼。

第三，句式要简短而灵活。我们先来看一个外国人写的一篇中文作文：

我叫施吉利，加拿大人，很喜欢汉语。我买了许多书，特别是《汉语词典》《北方方言词典》《成语词典》等。我发现成语、谚语、俗语很好，准确、生动、幽默、风趣。

有一天，天气很热。我到楼下散步，看见卖西瓜的，是个体户。我问："你的西瓜好不好？"

他说："震了！"

我问："什么叫震了？"

他答："震了就是没治了！"

"什么叫没治了？"

"没治了就是好极了，您看我的西瓜多好！"

这时，我用了两句俗语，刚学的："没有调查就没有发言权，你不会是王婆卖瓜，自卖自夸吧？"

"是骡子是马拉出来遛遛，我的瓜皮儿薄、籽儿小、瓤儿甜，咬一口，牙掉了！"说完"咔嚓"一声，他切开一个。

我一看，皮儿厚，籽儿白，吃了一口，瓤儿是酸的。我又说了两句成语："你要实事求是，不要弄虚作假。"

他的脸"刷"的一下子红到脖子根儿。

我说："没有关系，买卖不成仁义在。"

他一听急眼了："这个不算。"说完，又切开一个。

我一看，皮倍儿薄，籽倍儿黑，吃了一口，瓤倍儿甜，我狼吞虎咽地吃起来。

他说:"好吃不好吃?"

我一伸大拇指:"盖了帽儿了!"

这位外国人学中文也真学得"盖了帽儿了",一是采用了生动的俗语,二是句式简短。这虽然是用笔写的作文,但语句大多是五六个字,最长的也只有十来个字,体现了口语的特点。

所以,要想让自己的讲话收到良好的效果,一定要学会把握语言的风格,注意文采,使讲话通俗易懂。

你的欣赏要说出来让对方知道

欣赏别人是一种尊重,被别人欣赏是一种承认,无人欣赏则为一种大不幸。如果一颦一笑一招一式都有人欣赏,那孟浩然就不会发出"欲取鸣琴弹,恨无知音赏"的慨叹了。

鸟啼而欣然,花落而自得。可见任何地方都有真正的妙境,任何事物都有真正的玄机。欣赏高山,自会在高山的巍峨中找到强悍和凝重;欣赏大河,自会在大河的澎湃中感悟到气度与洗礼;欣赏大树,自会在大树的伟岸中获得自立与尊严;欣赏小草,自会在小草的葳蕤中汲取执着与希望。

欣赏不同于好奇,需要有一双睿智而又真诚的眼睛;欣赏不同于猎艳,需要具备艺术的敏锐心灵,需要那份澄澈境界的雄阔。欣赏是人生的阶梯,会产生奇妙无比的效果。欣赏更需要慧眼独具,角度不凡。

正如明代学者洪应明所言:雨余观山色,景象便觉新妍;夜静听钟声,音响尤为清越。

一个碌碌无为的浅薄者,是没有欣赏可言的。

懂得欣赏他人,是一种做人的美德和智慧。

人生活在社会中,彼此之间难免存在利益的差别、思想的分歧,但更具有一致的目标、相通的感情,更需要相互的支撑、相互的理解。

尺有所短，寸有所长。在一个人的周围，无论是上级、同事，还是下属、朋友，都有可以欣赏的亮点，都有可以学习的地方。所谓"三人行，必有我师焉"，说的就是这个道理。

富兰克林说："我成功的秘诀是，从不说别人的坏话，只说别人的好处。"

培根说："欣赏者心中有朝霞、露珠和常年盛开的花朵。"

胸怀宽广、虚怀若谷的人，才能懂得欣赏他人。懂得欣赏他人，就是知道尊重和关爱他人，知道看到他人的长处。有一则故事很能说明欣赏的力量。

有一个富翁，由于他特别喜爱吃烤鸭，于是重金聘了一个精研烤鸭的大厨师，每天为他烤一只鸭。大厨师名不虚传，每天烤出的鸭，香喷可口，不过却只有一条腿。富翁觉得很奇怪，但碍于身份也不便过问。过了一星期，每次烤出来的鸭，还是只有一条腿，富翁实在忍不住了，他叫出厨师。

富翁问道："你所烤的鸭为什么都只有一条腿呢？另外一条腿到哪里去了呢？"

厨师答道："哎呀！你弄错了，鸭子本来就只有一条腿啊！不信的话，我带你去看看。"

于是，厨师带着富翁到后院。这时，鸭子因天气热，缩了一足在树荫下站着休息。

厨师说："你看！鸭子都只有一条腿啊！"

富翁气不过，立刻双掌用力拍了几下，掌声惊动鸭群，伸出了另一足，纷纷走避。

富翁说："你看！鸭子都有两条脚啊！"

厨师答道:"是的!如果你早鼓掌的话,那鸭子老早就是两条腿了。"

千万别像富翁那样,吝于鼓掌,否则你吃到的"烤鸭",很可能永远只有一条腿啊!

一个懂得欣赏别人的人,在把慰藉和力量给了他人的同时,也把激励和鞭策给了自己。因为在欣赏他人的过程中,自己往往也能以人为镜,看出不足,找出差距,从而不断提高素质能力和修养水平。

懂得欣赏他人,有利于形成融洽和谐的人际关系。一个人希望得到他人欣赏,并不等于图虚荣、好面子;一个人懂得欣赏他人,也不是不顾事实、只唱赞歌。

真正的欣赏是真诚和善意的流露,是理解和尊重的体现。这样的欣赏,给人以温暖和关怀,有利于激励人们施展才干、发挥才智,有利于增进人与人之间的信任和感情。

俗话说看人长处,可以相处。

许多事实证明,发自内心的欣赏比劈头盖脸的训斥更起作用。一个人如果把同行视为冤家,看他人一无是处,"他是伤疤我是花,我最美丽他很差",往往会引起摩擦和冲突,最终自己也将难有大的作为。

只有学会欣赏他人,以诚待人,学人之长,才能营造出融洽和谐的人际关系,从而集中精力干事创业。

欣赏别人,就不要吝啬你的赞美之词。林肯说过:"每个人都喜欢赞美。"赞美之所以得其殊遇,一在于其"美"字,表明被赞美者有卓然不凡的地方;二在于其"赞"字,表明赞美者友好、热情的待人态度。

人类行为学家约翰·杜威也说："人类本质里最深远的驱策力就是希望具有重要性，希望被赞美。"因此，对于他人的成绩与进步，要肯定、要赞扬、要鼓励。当别人有值得褒奖之处，你应毫不吝啬地给予诚挚的赞许，以使得人们的交往变得和谐而温馨。

可以说，欣赏是友谊的源泉，是一种理想的黏合剂，它不但会把老相识、老朋友团结得更加紧密，还可以把互不相识的人连在一起。

一句西方谚语说："赞美好比空气，人不能缺少。"

事实上，真诚的赞美是最有效的教学方法，也是生活的动力之源。它们就像是空气，充满了我们的"汽车轮胎"，载着我们在生活的大道上向前飞奔疾驰，让我们的人生之路更加顺畅，更加通达。

每个人都渴望得到别人和社会的肯定，我们在付出了必要劳动和热情之后，都期待着别人的赞许。那么，把自己需要的东西，首先慷慨地奉献给别人，体现的只能是我们的大方和成熟。

多讲欣赏的话，是对别人的尊重和评价，也是送给别人的最好礼物和报酬，是搞好人际关系的一笔暂时看不到利润的投资。它表达的是我们的一片善心和好意，传递的是你的信任和情感，化解的是你有意无意间与人形成的隔阂和摩擦。

对人表示赞许，你何乐而不为呢？

既然欣赏是人际交往的润滑剂，我们就要在和周围人相处的过程中，毫不吝啬地赞扬别人，使赞许动机获得广大而神奇的效用。

现实生活中,一个善于发现别人长处,善于欣赏别人优点的人,绝不是单方面的给予和付出。不知你是否也有这方面的体验——欣赏别人,往往也会激励自己。

找好话题，谈话就成功了一半

交谈中要学会没话找话的本领。"找话"就是"找话题"，找交谈的切入点。就像写文章一样，有了一个好题目，往往会文思泉涌，一挥而就。同样，双方交谈，有了一个好的话题就能使谈话融洽自如。

什么样的话题才是好话题呢？好话题的标准是：至少双方对话题比较熟悉，能谈；大家感兴趣，爱谈；有展开探讨的余地，好谈。

那么，怎样去挖掘一个好话题呢？

1. 找准兴奋中心作话题

当跟众多的人在一起谈话时，要选择众人都感兴趣的事件为话题，激发起大家交谈的欲望。因为这类话题是大家想谈、爱谈又能谈的。人人都有话，都能发表自己的观点和看法，自然能使话题进行下去，并且引起许多人的议论和发言，进而产生共鸣。

2. 就地取材找话题

巧妙地借用彼时、彼地、彼人的某些材料为题，借此引发交谈。有人善于借助对方的姓名、籍贯、年龄、服饰、居室等，即兴引出话题，常常能取得好的效果。"即兴引入"法的优点是灵活自然，就地取材，但关键是要思维敏捷，能迅速做出由此及彼的联想。

3. 试探询问找话题

与陌生人交谈，先提一些"投石"式的问题，在对对方的年龄、职业、性格、兴趣等略有了解后再进行有目的的深入的交谈，便能谈得更为自如。就好像"投石问路"一样。如在聚会时见到陌生的邻座，便可先"投石"询问："你和主人是同事还是同学？"无论问话的前半句对，还是后半句对，都可就此展开话题；如果问得都不对，对方回答说是"老相识"，那也找到了可继续谈下去的话题。

4. 顺着对方的兴趣引发话题

试探出陌生人的兴趣，由兴趣起始，能顺利引发话题。如对方喜欢看电影，便以此为话题，谈电影的优劣，讨论故事的情节等。如果你也喜欢看电影，那你们就找到了共同的兴趣，可顺利进入话题；如果平常不怎么看电影，那也正是个学习的机会，可静心倾听，适时提问，借此大开眼界。

引发话题的方法很多，诸如"借事生题法""即景出题法""由情入题法"，等等。可巧妙地从某事、某景、某种情感，引发出一番议论。引发话题，类似"抽线头""插路标"的做法，重点在引，目的在导，使对方有话可说，诱发对方谈话的兴趣。

5. 在"情投意合"上做文章找话题

与人交谈时，还要在缩短彼此的距离上下功夫，力求在短时间内了解得更多一些，缩短彼此认识上的距离，力求在感情上融洽起来。只有志同道合了，才能谈得投机。与陌生人要做到能谈得投机，就必须寻找好话题，在情感二字上做文章，变生疏为熟悉。

（1）适时切入。看准情势，不要放过应当说话的机会，适时插入交谈，适时地"自我表现"，能让对方充分了解自己。

交谈是双边活动，光了解对方，不让对方了解自己，同样难以深谈。陌生人如能从你"切入式"的谈话中获取教益，双方会更亲近。适时切入，能把你的知识主动有效地献给对方，实际上符合"互补"原则，奠定了"情投意合"的基础。

（2）巧找媒介。寻找自己与陌生人之间的媒介物，以此找出共同语言，缩短双方距离。如见一位陌生人正在看报纸，可从报纸上的一条新闻切入，与对方就这一话题展开讨论。对别人的一切表现出浓厚的兴趣，通过媒介引发他们表露自我，交谈也就能顺利进行。

（3）留有空间。留有谈话的空间以便让对方接口，使对方感到彼此之间的心是相通的，交谈是和谐的，进而缩短两人之间的心理距离。因此，和陌生人的交谈千万不要把话讲完全了，把自己的观点讲死，而应虚怀若谷，欢迎探讨，最好把做结论、归纳的机会留给对方。

少说"我",多谈谈"你"

在人际交往中,"我"字讲得太多并过分强调,会给人突出自我、标榜自我的印象,这会在对方与你之间筑起一道防线,形成障碍,影响别人对你的认同。因此,交往中与人说话,应少用"我",多用"你""你们"。

福布斯杂志上曾登过一篇标题为"良好人际关系的一剂药方"的文章,其中有几点值得借鉴:

语言中最重要的5个字是:"我以你为荣!"
语言中最重要的4个字是:"您怎么看?"
语言中最重要的3个字是:"麻烦您!"
语言中最重要的2个字是:"谢谢!"
语言中最重要的1个字是:"你!"

那么,语言中最次要的1个字是什么呢?是"我"。

亨利·福特二世描述令人厌烦的行为时说:"一个满嘴'我'的人,一个独占'我'字,随时随地说'我'的人,是一个不受欢迎的人。"

有人曾经做过调查,看看人们每天最常用的是哪一个字,那就是"我"字。为什么人们对"我"字特别关心呢?就是因为大多数人都喜欢被人称赞,也喜爱称赞自己。因此,你若想得到你所希望得到的，就要避免与对方争高低，而要维护他人的自尊心。为了使对方的面子不受伤害，我们办事千万不要常把"我"字挂在嘴上，别说"我公司"，而说"我们的公司"。

1. 少说"我"，多说"你"

说话好像驾驭汽车，应随时注意交通标志，也就是要随时注意听者的态度与反应。如果红灯已经亮了仍然向前开，闯祸就是必然了。无聊的人是把拳头往自己嘴里塞的人，也是"我"字的专卖者。

人们最感兴趣的就是谈论自己的事情，而对于那些与自己毫无相关的事情，很多人都会觉得索然无味。生活中，我们常听见年轻的母亲热情地对人说："我们的宝宝会叫'妈妈'了。"她这时的心情是高兴的，可是旁人听了会和她一样地高兴吗？不一定。谁家的孩子不会叫妈妈呢？你可不要为此而大惊小怪，这是正常的事情，不会叫妈妈的孩子才是怪事呢。所以，在你看来是充满了喜悦，别人不一定有同感，这是人之常情。

竭力忘记你自己，不要总是谈你个人的事情，你的孩子，你的生活。人人喜欢的是自己最熟知的事情，那么，在交际上你就可以明白别人的弱点，而尽量去引导别人说他自己的事情，这是使对方高兴最好的方法。你以充满同情和热诚的心去听他叙述，你一定会给对方以最佳的印象，并且对方会热情欢迎你，热情接待你。

2. 把"我的"变为"我们的"

说话时，把"我的"变为"我们的"，可以巧妙地拉近双方距离，使对方更容易接受你和你的话。

如果你在说话中，不管听者的情绪或反应如何，只是一个劲地提到我如何如何，那么必然会引起对方的反感。如果改变一下，把"我的"改为"我们的"，这对你并不会有任何损失，只会获得对方的好感，使你同别人的友谊进一步地加深。

我们经常看到记者这样采访："请问我们这项工作……"或"请问我们厂……"经常发现演讲者使用"我们是否应该这样"或"让我们……"等表达方式。这样说话能使你觉得和对方的距离接近，听来和缓亲切。因为"我们"这个词，也就是要表现"你也参与其中"的意思，所以会令对方心中产生一种亲近的感觉。

如果说"你们必须深入了解这个问题"，便拉开了听众与演讲者的距离，使听众无法与你产生共鸣。倘若改为"我们最好再作更深一层的讨论"就会缩短与听众之间的距离，使气氛立刻活跃起来，达到共鸣的效果。

说话以我为中心、喜欢用"我"字开头的人是不会受人欢迎的。会说话的人，在语言传播中，总会避开"我"字，而用"我们"开头。

做一个说话不让人扫兴的人

沟通的双方若价值观大致相同，则谈话基本上在相同的频道上，不会产生太大的分歧；若两人的人生观点大不相同，则会在谈话时出现语言交锋与冲突；若双方各自坚持己见，则会产生新的矛盾，导致关系破裂。

因此，在价值观不同的沟通中，在非原则问题上，我们应该尽量满足他人的表达欲望与表达方向，应当尽可能尊重他人的人生观、价值观。在茫茫人海之中，既然什么样的人都有，那么，什么观点也都会有。很多时候观点没有对与错，只是角度不同而已，你又何必强迫他人与你保持一致呢？

再加上，观点并非一早形成，自然在一般情况下也不可能说变就变，更不可能因你一句反对的话就能令听者发生彻底变化。

既然无法轻易改变他人，那你说了令人扫兴的话又有何意义呢？对方不仅不买账，而且还会与你疏远。

人性就这样，谁的观点都不可能被否定。

扫兴者有两种可能：一是讲到别人不爱听的话，讲到别人的短处；二是打断转移说者的说话兴致，中断正在进行的谈话。

这两种情况都是非常失礼的，也是人际沟通的大忌。

哪壶不开你提哪壶，因此，常常让人十分尴尬、十分恼火、十分生气，最终自然导致人际关系破裂。

小王是一位从外地来的打工者，她家境不好，父亲患有慢性疾病，她必须多赚钱为父亲治病。小王人长得漂亮，工作也很努力，很受领导器重。为了事业，她几乎没有时间谈恋爱，而今年她已33岁。

由于她业绩突出，不久被提升为区域经理。朋友们为了庆祝她事业步步高升就搞了一次聚会。

其中有一个朋友不会说话，他不仅没有祝福，而且还郑重其事地说："事业是没有用的，对女人来说，最大的成功就是找到一个好老公，那样的女人才是最幸福的女人。"

小王最怕的就是提到婚姻大事，何况她已33岁了，于是委婉地说："你的观点，我持保留态度，我们今天不谈这个。"

那位不会说话的男人反而顶真地说："我昨天看了一则报道，说如果女人26岁还没嫁出去，以后就很难嫁掉了，而且会越来越掉价。"

小王听到这样的话，脸当场气青了，她勉强控制好情绪，但是心情却掉到了谷底，一时间，聚会的气氛也尴尬起来。

聚会结束后，小王再也没有与那位朋友来往过了。这个男人也太不懂事了，一帮朋友好不容易聚到一起谈点开心的，此人居然给了女主人当头一瓢冷水，使主人十分扫兴。

生活中这种人非常多，说话不注意场合，不看时机、对象，从而导致好心办坏事。说话是有时机的，什么场合说什么话，故事中的朋友聚会主题是庆祝，因此，除了喜庆之外就是祝贺、祝愿，而不是专拣不开心的事说。

说话是要注意分寸的。33岁未嫁，本就是人家的心病之一，反复强调26岁若未嫁出去就掉价了，岂不是当场在侮辱对方？

　　说话是有场合的。赞美人时我们可以当着所有的人高声赞美，但我们要说别人没面子的话时，最好是单独交流为好，否则会令听者十分难堪。

　　总之，令人扫兴的话，最好闭嘴别说。

　　另外，不给别人说话机会的人也是令人扫兴的。

　　社交中的说话，同站在教室中教课或是站在演讲台上演说有很大不同，教课和演说，只有你一个人在说话，别人不能插嘴。而社交中的说话，彼此在对等的地位，如果在这种谈话中，你一个人一直滔滔不绝，如高山瀑布，永不停止地倾泻着，那对方就没有说话的机会，完全是你说、别人听了。这样肯定不会受人欢迎，甚至会被别人耻笑。

　　每一个人都有他自己的表现欲，所以要注意自我控制，如几个人聚在一起讲故事，甲只管滔滔不绝地一个接一个地讲下去，使乙和丙想讲而没有机会讲。我们试想一下，乙和丙的心里一定不好受。因为他们自己没有说话的机会，专门听甲的讲话，自然会没有精神听下去，只好不欢而散了。

　　如果你能够多给别人说话的机会，就能给人留下一个好印象，倾听是一种褒奖对方的姿态，耐心地倾听别人说话，给了对方尊重的同时，也会让人更喜欢你，双方的关系自然也就更融洽。

第六章

一天一堂情商课,优秀的人能掌控情绪

评价能伤害你，是你自己递的刀

每个人都希望自己能够得到上司的欣赏、同事的尊重，都希望自己的想法能够得到别人的肯定与重视。是的，人都是希望自己在他人的心目中有分量，在自己所从事的领域有分量。但是很多时候，这个分量并不是别人给你的，而是你为自己争取的。如果一个人总是很自卑，觉得自己的想法肯定不会得到别人的认可，那么他就没有勇气向别人表达自己的看法，久而久之，别人就会把他当成一个没有主见的人，也不会有人再去询问他的看法与意见。如果一个人很自信，或者说很看重自己，在一些事情上能够说出自己的独到见解，就会让周围的人对他形成良好的印象，时间久了，大家也就会越来越重视他的看法。

所以，自己的分量是由自己来决定的。任何时候，都不要看轻自己，一个不懂得爱自己的人怎么能得到别人的爱呢？只有自信的人才更容易得到别人的尊重和重视。

有一天，龙王与青蛙在海滨相遇，打过招呼后，青蛙问龙王："大王，你的住处是什么样的？"龙王说："珍珠砌筑的宫殿，贝壳筑成的阙楼；屋檐华丽而有气派，厅柱坚实而又漂亮。"龙王说完，问青蛙："你呢？你的住处如何？"青蛙说："我的住处绿藓似毡，娇草如茵，清泉汩汩，白石映天。"说完,青蛙又向龙王提出一个问题:"你高兴时如何?发怒时又怎样?"龙王说:"我若高兴,就普降甘露,让大地滋润,使五谷丰登;若发怒,则先吹风暴,继而打闪放电,让千里以内寸草不留。那么,你呢?"青蛙说:"我高兴时,就面对清风朗月,呱呱地叫上一通;发怒时,先瞪眼睛,再鼓肚皮,最后气消肚瘪,万事了结。"

龙王的龙宫自然是令人羡慕的,豪华气派,青蛙自然不会有这样的环境,但是青蛙并没有因此觉得自己的环境就是不好的,就一味地去羡慕龙王,相反,它表现了自己的自信,让龙王看来它生活得同样快乐,居住得同样舒服。这就是告诉人们,人都是生而平等的。所以,无论你贫穷或是富有,都不应该看不起自己。但是在现实生活中很多人总是顾影自怜,觉得自己什么都比不上别人,总是一副自卑的样子,这样的人怎么能得到别人的尊重呢?

自卑的人往往很爱慕虚荣,害怕被别人瞧不起,所以总是会想尽办法让自己看起来高贵、看起来上档次,这样的人往往更容易让自己陷入困窘的境地。

还记得《项链》中那个玛蒂尔德吗?她为了去参加一个舞会,向朋友借来了一条所谓的钻石项链,就是希望自己能够不被人看不起,的确,那天晚上她成了众人瞩目的焦点,但是一夜的狂欢之后她发现自己把那条"昂贵"的项链弄丢了,这对本来就不富裕的家庭来说无异于雪上加霜,所以她付出了自己最宝贵的青春年华来偿债,当终于还清了债务的时候,她却得知自己最初借到的项链是假的,根本不值多少钱。这样的结局多么具有讽刺意味啊!

她根本不懂得人的高贵和分量岂是一条项链所能带来的？能不能让自己有分量，更关键的是自己的态度，自己把自己定位在一个什么样的位置上。富裕的生活的确让人羡慕，因为可以做到很多穷人无法做到的事情，但是不富裕的生活就没有乐趣可言了吗？就不能得到别人的尊重吗？没有必要为了别人的评价去刻意做自己根本没有能力做到的事情，只要自己自立、自强，生活得坦荡，即使是贫穷一些也不会有人看不起你。只要你自己能够看得起自己，只要你愿意为了自己的生活去努力、去拼搏，这就足够了。

　　一个人只有看重自己的分量，别人才会同样看得起你。所以，一个人无论能力大小、地位高低、条件好坏，都应该充分地自信，而不应该自感低人一等，这种平等观念是每个人都应具备的。

永远怀抱希望,永远看到最好的

同样的一个园林,同样的一朵玫瑰花,积极乐观的人会看到美丽的花瓣和清晨晶莹的露珠;而悲观消极的人则只能看到花下伤人的尖刺。一个笑脸,一个苦脸,不一样的心情,恐怕一天所取得的成绩也大不相同。积极乐观的人总是能看到更好的情景,所以在好的心情下,他就能够处处顺心,做什么都游刃有余;而悲观厌世的人总是看到那些令自己讨厌的情景,在恶劣的心情下,又怎么能够顺利地完成工作呢?俗话说,倒霉的人喝凉水都塞牙。事实上,这不过是人的主观感受罢了,心情不好自然看到什么都觉得不好,干什么都觉得不顺利,自然就有了"屋漏偏逢连阴雨,船破又遇打头风"的主观感受。

保持一颗积极乐观、充满热情的心有时候就能扭转乾坤,让生命出现转折的奇迹。一个人如果有高涨的热情、积极的心态、必胜的信念,那么还有什么事情是他办不到的呢?世界只会为那些积极乐观的人开绿灯,使他们的事业发展有更快的加速度。所以说,成功者必备的素质之一便是积极的心态,他乐观地面对人生,成功与他的距离便比别人稍短一点。对大部分人而言,他们在平时确实是乐观、上进的,但是唯一不足的是关键时刻"掉链子"。每到关键的环节,他们便失去了往日的自信、热情和积极,于是大部分人总是与成功擦肩而过,他们真的是与成功很近了,但是总是差那么一点点。

每一天都要保持积极的心态,坚持住你就会成功。你或许不信:心态这个东西真的如所说的这般神奇吗?从下面这个小故事中,你便可以形象地看到积极的人生态度和消极的人生态度到底有什么区别。

农业自动化机械厂生产出了一种新的农场机器,为了扩大市场,他们先后派出了两名员工去一个农场推销新设备。最先去的这名员工工作态度认真,也很勤奋,唯独心态不好,总是悲观地看待自己的工作和人生。他来到这家农场后,看到这里的农民都是靠人工在田里种植和收割,于是非常失望。他想:这里的农民是不会买我的设备的,他们都靠自己的人力来完成,看来我又白来一趟了,真倒霉!于是他一句话都没有说出来就扫兴而归,然后写了一份推销失败的报告交上去了。上级一看,非常奇怪,心想:如此先进而又省时的机器,竟然没有推销出一台,不可能吧,太奇怪了。于是他重新派遣了一名员工去那个农场推销,这位员工是公司的金牌推销员,积极而又上进,具有一流的口才,几乎没有什么能够难得住他。当他来到农场一看,立刻展颜而笑:太好了,这个农场居然都是人力做工,这下不但可以推销出这种新设备,就连其他一些设备也可以展示给他们啊。于是他把农场所有的农民都聚集起来,满面红光地说:"大家好,带给大家一个好消息,你们终于可以不用这么辛苦劳作了,安装上这种设备,在同样的时间内,你们只需花费以前十分之一的力气,就能够收获十倍的成果!"很快大家被他的情绪调动起来,纷纷要求感受一下这种新设备的神奇效果,结果这批新设备在这个农场打开了非常好的销路。

　　就这样，两种不同的心态导致了两个截然不同的结果。在同样一个农场，面对同样的一批客户，同样的一种产品，仅仅由于心态的差异，却导致了一个不战而败，一个大获全胜。生活中的很多事情就是这个例子的翻版。很多失败都与客观条件无关，仅仅是由于主观心态的问题。消极的心态会导致不战而败，没有开始就已经宣告了失败的结局。

　　"我能行"已经成为越来越多成功人士的口头禅，这不仅仅是一种自信，更是一种积极心态的表现。一个积极的人，总能看到充满希望的未来，总能看到事情美好的一面，总有巨大的动力驱使自己前进。请保持一颗积极的心吧，这或许正是你寻找许久的成功的根源。

告别玻璃心，我可以不那么敏感

不知何时，网络上出现了一个新名词"玻璃心"，此名词一出，众人大多莞尔一笑。玻璃原本干净通透，不含杂质，偶尔溅上一两滴水滴，都会留下深深印记，难以拂去。而玻璃做的心，那必然是忍受不得一点污秽、高温，否则，轻则伤痕累累、锈迹斑驳，重则碎成一地残渣，留待夜深人静之时，用眼泪修补。

心理学上讲，如果一个人的内心太过脆弱、敏感，绝对是自卑心理在作祟。正因为自卑，才导致内心惶恐不定、惴惴不安。偶尔遭遇到一丝风吹草动，当即觉得和自己有关，瞬时间开始感怀身世，继而伤心落泪，或者是义愤填膺。

加州大学的心理系做过这样一个有趣的实验，让学生们分成三五个人一组，在校园中，对若干个走过来的同学窃窃私语、指手画脚。通过这次实验，发现了不同类型人的心理变化。内心潇洒强健者，视若无睹，照常做自己该做的事；还有一种是反复审视自己的外观，看看是不是哪里出现了异常；最严重的一种是闷不作声，然后几天过去，仍然闷闷不乐，实验教师会找机会去询问那几个情绪低落的同学，原来这几个人之所以情绪受影响，是因为自己可能被人针对或嘲讽，其中甚至有人自发地做出了"解释"——别人之所以指指点点，可能是因为自己有口气。这第三种人，就是最明显的内心敏感之人，自然也就成了现在所谓的"玻璃心"人士。

我们身边这样的例子比比皆是，在一个QQ群里，偶尔谁说的一句玩笑话，不一定就会触碰到谁的玻璃心。轻则开始死不开口，伤心欲绝；重则口角横生，闹得不休不止。

家里的老人经常会叮嘱小辈：人在社会，凡事多个心眼，多想想，多看看，再说话。实际上，老人家的意思是，行事说话要稳妥，不可贸然开口。然而，总会有人误解为，这是要反复揣摩他人的心理，始终不愿意相信别人说的很多句话其实都是无意的，必定要找出对方言语中的深意，加以分析。如果一个人自卑到如此境界，不说是玻璃心，还真的没有其他解释。

如果将这种心态带入工作中，那么，不仅我们身边的同事会不堪其扰，就连我们自己，都会成为深受其害的对象。如果情绪调整不好，整日对任何事都抱着敏感的态度，还哪里有情绪去努力工作和学习呢？

尤佳毕业于北大法律系，非常幸运的是，毕业没多久，她就应聘到一家著名的律师楼成了一名助理。同学和家人都为她高兴，一再叮嘱她要好好干，最好能留在那里。

刚工作的尤佳自然是干劲十足，为了表现自己，她时刻都在找机会。原本她就是性格开朗、能说会道的女孩，没想到，正是因为她的急进和话多，而又缺乏经验，导致一位客户听了她的插嘴后，拂袖而去。

她的上司并没有过多地责怪她，可是，她却在心里过不去那道坎儿。非常巧的是，她的上司在这个当口把自己的QQ签名做了修改，说的是"莽撞带来的后果，只能自己承担"。这下尤佳越发地觉得难堪，她开始变了一个人一样，胆小怕事，唯唯诺诺，该她说的话不敢说；原本简单的工作也在做好了以后，反复地去向大家求证。时间一久，大家不堪其扰，甚至公司老总找到了她的上司，询问她的工作能力，以及她是否应该换个工作云云。

尤佳的上司无奈之下，找到尤佳谈话，尤佳的心理防线彻底崩溃，在上司的办公室号啕大哭，上司不解，尤佳表示："自己知道这一天肯定会来，那么好吧，我自己离职走吧。"上司觉得此事蹊跷，尤佳哽咽着说："您的QQ签名不是早就提醒我要早做打算的嘛。"上司当时真是哭笑不得，那次签名的改换是因为自己一次疲劳驾驶，剐蹭了别人的车子，所以才有了这么一个感慨，没想到却给尤佳带来了这么多困扰。

最后，尤佳还是离职了，这回是上司主动和她谈的，上司表示"一个新人，做错事不可怕，可怕的是敏感的心态。作为律师，如果没有强大的充满正能量的内心，那么，终将一事无成"。

实际上，一个人如果过度敏感，受不了一点批评和打击，总爱胡思乱想，那么他的生活必然一团糟。生活或者工作中，巧合比比皆是，一些阴差阳错的事情也都有可能发生，如果无法正确地管理自己的心态，任其发展到胡思乱想，那么不仅会毁掉自己的前程，也会伤害到自己的心理。

要解决自己内心敏感的这个问题，我们首先要正视自己的自卑心理，因为很多时候正是自卑导致我们无法正常地看待问题，甚至会歪曲事实，将原本和自己无关的事情，硬是拉扯到自己身上，引起不必要的困扰，就如同古语说的"世上本无事，庸人自扰之"。想让自己活得潇洒些，不为这些鸡毛蒜皮的小事耿耿于怀，那么，先从管理自己的情绪入手吧。

1. 使我们不安的是我们的想象力

如果我们自己想想，就会发现很多使我们恐惧害怕、寝食难安的事情，实际上，在现实生活中从未真正发生过，我们之所以为此惊惧，实则是我们敏感的内心在作祟。换个角度想，一天的难处就让我们用一天的时间去担当，以后的事情，那是未知的世界才会出现的事情，有谁会知道明天会发生什么呢？终日忧虑也没什么帮助。所以，面对以后的情形，少一点敏感，多一些潇洒、大度，不仅我们自己会放开胸怀，做起事来也会更从容。

2. 正视自己的不足

励志文章中经常会看到一句话："在哪里跌倒了，就在哪里爬起来，不要逃避自己犯下的错误。"有的时候，也许正是我们内心有了顾忌，所以才事事敏感，总怕事情出现未知变化。而有时，我们敏感的是我们的不足，正是知道自己的不足，但是又怕他人知晓，所以才会有了强劲的防范之心，也才会越发地敏感。从现在开始，修正自己的不足，让自己落落大方地出现在众人面前，好过在私下去揣测别人的内心想法，我们也会活得更加安然、淡定。

别烦躁，麻烦来了不要逃跑

我们经常说获得幸福与快乐是一种能力，那些高情商的人也并不是一路顺遂，比我们遇到的困难少多少，而是他们知道该如何选择自己面对问题的态度，会从另一个角度看待自己遇到的困境。

在生活中，我们会遇到许多意想不到的变化，会面临许多突如其来的困难，我们不能逃避问题，但却可以决定面对问题时的态度与心情。比如，同样是悲伤，同样是失恋，我们可以沉浸在失去所爱的悲伤中，也可以想"对方失去的是一个真爱他的人，而我失去的是一个不爱我的人，相比对方，我更幸运"，如果有如此的心态，很快就能释然，也能鼓起勇气重新寻找真爱，也才有重新获得幸福的可能；假设在职场上遭遇昔日好友出卖，可以这样安慰自己"幸亏他是现在出卖我，这个损失我还能承担，如果在以后，损失会更大"。我们的大度也许会换来对方的愧疚，会让更多人愿意与我们合作。

萧伯纳有句名言："明智的人使自己适应世界，而不明智的人只会坚持要世界适应自己。"其实我们都知道，无论我们是悲是喜，太阳照样会每天升起，世界不会为自己停摆，而且还会以我们无法预知的方式改变。所以，与其害怕、抱怨、逃避问题，不如换个角度与思维去应对突发事件。许多时候，我们只要转换一下自己的角度，许多坏事就会变成好事。"塞翁失马，焉知非福"，就充分说明了这个道理。

在遇到问题、情绪不佳时，为了避免陷入"赔了夫人又折兵"的尴尬境况里，我们首先要解决自己的情绪问题。

1. 暂时将问题放下，不反复纠结其中

遇到无法解决的问题，高情商的人会选择暂时搁置，避免反复纠结于其中。这种不想，只是让自己尽快冷静下来，以便能转换思维，从而让自己更客观地看待问题。陷在情绪之中，看问题很容易偏激，只有跳出思维的框框，冷静地分析，才能更好地解决问题。

2. 避免胡思乱想的方法就是让自己忙起来

情绪糟糕时，可以试试"没事找事"，让其他事情占据自己的思维，等忙完其他事情后，再回头来解决遇到的问题，也就比较从容了，更有可能在忙碌其他事情时灵感突现，找到解决问题的方法。

3. 明智的"止损原则"

这是高情商者最喜欢的方式之一，如果一件事耗费了太多心力与时间，却收获甚少，且让自己疲惫不堪，那么就需要换种思维方式去考虑自己是否应该放手。人生的精彩之处在于体验，更在于不断寻找适合自己的生活方式，活出另一种人生。

4. 不要有意放大事态

如果我们在有意无意间习惯性地把事态放大，比如胃痛，就想到胃癌；朋友一句不满，就想到断交……这种事态的放大，只会让自己糟糕的情绪占据我们的思想，让我们没有更多的精力去思考解决问题的方法。

你要学会制服愤怒

工作中的挫折、生活中的困难、同事间的摩擦、邻里之间的纠纷等，都可使人生气、愠怒，有的人甚至为此暴跳如雷。但是你是否想过，生气的后果是什么？通常的情况是问题依然没有解决，反而激起一系列负面情绪。

一个周末的晚上，雷诺·杰鲁姆一家正在吃晚餐，大家一边吃一边聊。不经意中，他的儿子谈起关于"爱"这个话题，他的妻子却顺口说出了一句："我看你爸爸对人就没有爱。"

雷诺·杰鲁姆一时觉得失了面子，又无言答对，便"哗啦"一声地把饭桌掀翻了。夫妻二人动起手来，孩子们的哭叫声跟着四起，妻子见打不过丈夫，就开始砸锅摔碗，嘴里骂道："谁也别想吃饭了！"顿时整个房间一片狼藉，刚刚还一派温馨的家庭变成了硝烟四起的"战场"。

固然，生气的时候摔碎碗碟、打破家具是一种宣泄方式，但很少有人想过，摔碎的不仅是财物，更是安宁的生活！

一块石头砸在镜子上，我们顶多"刺耳"一下，但一块石头砸在生活上，就会留下"刺耳"的永久的回音——生活会被搞得一团糟。

然而，发泄了之后就会痛快了吗？在生气的人平静之后，他们往往会为自己的行为而羞愧。这就是为什么我们要学习制怒。

然而，制怒并不是一件容易的事，它是一个人以理智战胜感情冲动的过程。善于制怒不仅要有"忍人所不能忍"的宽广胸怀和以大局为重的精神境界，而且还要有强烈的自我控制意识。要"制怒"，首先要努力陶冶自己的性情，不断提高自己的修养，理智地将愤怒这个"情绪炸弹"扔掉。

大银行家摩根在一次处理公务时，情绪失控把一只茶杯摔得粉碎。当他抬起头，看到自己的座右铭"制怒"二字时，意识到自己的老毛病又犯了，立即谢绝了仆人的代劳，自己动手打扫摔碎的茶杯，表示悔过。

与人相处，不分是非曲直、动辄发火，是一种不文明的表现。易怒之人，应像摩根那样，潜心修养，注意"制怒"，心平气和，以理服人，不可放纵心头无名之火，像火柴头似的一擦就着，触物即烧。

下面的方法会帮助你做到制服愤怒。

1. 认清你想通过愤怒来达到什么目的

不要被愤怒蒙住了眼睛，看看愤怒背后你的真正欲望是什么。如果你希望和别人交朋友，而他（她）让你失望，你就扇人家耳光，那么你就永远失去了和他（她）亲近的机会。相反，你可以说出你真正的感觉："我很重视我们的友谊，但有些事情威胁到了我们的友谊，这让我很失望。让我们谈谈，一起来解决这个矛盾怎么样？"

2. 不要把不满情绪发泄在无辜的人身上

有没有这样的可能：我之所以对他愤怒，是因为对他发火比较安全？不要把谁当替罪羊，这样没有任何作用，反而会让你的情绪失控，发完火以后你会后悔莫及。如果你成了别人愤怒的目标和牺牲品，你先问自己："我一定要接受这个人给我安排的位置吗？我一定要为这种事感到受伤吗？"其他人和你一样也会寻找替罪羊。你可以去做志愿者，但不要做"志愿羊"。即便别人选择了你，你也可以避开。不要上钩，不要去打和你没关系、你也赢不了什么的战斗。

3. 找出获得爱和快乐的方法

你的愤怒有些是来自你的基本需要和欲望不能满足的挫败感，你感到深深地受伤或无助，你想要生活中有更多的快乐和关爱。愤怒并不排除爱、感激等积极情感。你可以深爱某人，为他（她）感到怒不可遏，但仍然继续爱着他（她）。实际上，愤怒的产生往往是由于爱得太深。我们常说："爱之深，责之切。"在上述情况下，你需要找出获得爱和快乐的正面方法，愤怒才会消失。发泄愤怒只会让你更受伤。

4. 不要用愤怒弥补自尊

你所谓的愤怒可能是你用来掩饰自己受伤的一种高傲的方式，是你作为人的生存受到了威胁和你的自尊受到了伤害时的一种自我保护。但是这种方式不能真正解决问题。为了面子而奋斗只会让你时常感到失落，失落又会让你感到愤怒和羞辱。

5. 建立起自己的自信心

真正自信的人是不会为了别人小小的事情就认为伤了自己的自尊心的。很多时候愤怒来自我们的不自信和缺少安全感。比如，我们常常在小说中看到这样的情节：某位乐善好施的富翁在大街上看到一个落魄书生，贫病交加，眼看就要死在街头。富翁十分同情他的遭遇，就想把他接回自己家中照顾。没想此书生不领情，十分愤怒，说自己宁可死也不愿受人恩惠。这其实就是书生脆弱的自尊心在作祟。

6. 不要用暴力的方式表达

暴力只会带来更多的愤怒、伤害和复仇，无论是口头的还是躯体的攻击都不会熄灭怒火。告诉别人是什么让你感到愤怒或受伤害，告诉他们你真正希望他们做的是什么。以不攻击的方式，将不满表达出来，与其说"你错了，你简直离谱"，不如说"我觉得受伤，你的所作所为没有考虑到我的需要"。

7. 将愤怒暂时搁置一边

比如，愤怒的时候从"1"数到"10"。愤怒的当时写一封信，可以是写给你发火的对象，也可以是写给报纸、杂志。这封信写得越详细越好，把这封信放一天再读一遍，再考虑是否真的值得发火。

愤怒时先别去想这件事，过一段时间再想，替这些情绪找到出口。体育锻炼是一种很好的释放方式：慢跑、打球、在没人的地方大喊大叫等都可以。

8. 不要压抑自己

不要假装你没有愤怒，不要通过否认愤怒来麻醉自己。压抑自己不会让你得到你想要的，只会让你感到迷惑、内疚和抑郁。生气是真实的情绪，但情绪和情绪表达则是两回事。当一个人一直压抑怒气时，迟早会如同水库溃堤。因此，与其压抑，不如学习纾解。

9. 总结、吸取教训

愤怒之后，试着去了解是什么真正让你愤怒，并把你的想法告诉另一个人。一个中立的倾听者能帮你理清情绪、认清目标。

愤怒是一次学习的机会。通过了解自己愤怒的来源，我们可以把愤怒的能量转化为建设的动力。在平时注意那些让你烦闷的情境，不要让环境影响了你的心情，使你愤怒起来。比如，排队时人潮拥挤，空气恶劣，再加上等候时间长的话，人就容易发怒。这时，乘机放松一下，做做白日梦打发时间，有助于你的心情平和。

10. 转换立场，宽恕他人

为他人寻找合理的理由，告诉自己："那个找我麻烦的家伙搞不好遇上了什么烦恼，日子不好过。"宽恕是自觉的忍、理智的让，不是退缩、不是无能、不是放弃原则，而是一种策略、一种智慧、一种境界。

越是关键时刻,越要保持冷静

冷静是高情商者应有的特质。冷静不只在于能够控制自己的情绪,更在于一个人如何给自己准确定位,如何面对各种复杂的局势,如何处理生活中、事业上突如其来的变化。

这是一个真实的故事:在临近高考还有23天的那天早上,男孩A在烦躁中收拾好书包离开了教室。从那以后,同学们再也没有见过他……他放弃了高考,原因仅仅是连续两次月考成绩不理想。"太不理智、太不成熟啊!"很多人如是慨叹。

什么是成熟?

成熟意味着由复杂走向简单,成熟意味着一种从容。

成熟者有许多不同于常人的心理特征,如能主动、直接地参与自己并非感兴趣的活动中;具有对别人表示同情、亲切或爱的能力;能够接纳自己的一切,好坏优劣都如此;能够准确、客观地知觉现实和接受现实;知道自己的现状和特点;能着眼未来,行为的动力来自长期的目标和计划。然而,有一点我们绝对不可以忘记,就是冷静。

是的,冷静是成熟者应有的特质。冷静不只在于能够控制自己的情绪,它更在于一个人如何给自己准确定位,如何面对各种复杂的局势,如何处理生活中、事业上突如其来的变化。

每个人都渴望走向成熟，那么，让我们先保持冷静。

曾经有这样一件事：一位大学毕业生应聘到一家公司搞产品营销，公司提出试用期三个月。三个月过去了，这位大学生没有接到正式聘用的通知，于是他一怒之下愤然提出辞职，公司一位副经理请他再考虑一下，他越发火冒三丈，说了很多过激和抱怨的话。对方终于也动了气，明明白白地告诉他，其实公司不但已决定正式聘用他，还准备提拔他为营销部的副主任。这么一闹，人家无论如何也不用他了。这位涉世未深的大学生因他的不理性而白白地丧失了一个绝好的机会。

理性是知识、智慧的独到涵养，更是理智、大度的深刻感悟。面对着一个不断变化的外部世界，我们必须具有人性的成熟美。否则，即使成功送到我们面前，还是难免在毛躁中与失败相遇。

不管你是否承认，只有冷静才是力挽危局的法宝。这种品质总能产生战无不胜的力量。

足球场上，两队经过90分钟酣战，又度过了随时可能遭遇"突然死亡"的30分钟加时赛，紧张刺激的时刻终于到了——点球决胜！

生死在此一举。此时，对于被指派上场的球员而言，什么是最重要的？信心？力量？技术？不，是冷静。此时，唯有冷静方能助他完成这最后的致命一击，方能帮助整个球队走向辉煌的胜利。

历史上的法奥马伦哥战役是拿破仑执政后指挥的第一个重要战役。这次战役的胜利，对于巩固法国脆弱的资产阶级政权，对于加强拿破仑的统治地位都有着重要的意义。在这场战役中，拿破仑把他的沉着冷静与临危不乱的品质发挥到了极致，并最终取得了战役的胜利。

首先，他有效地制造和利用了敌人在判断上的错误，真正做到了出敌不意、出奇制胜。

其次，他机敏，能够在复杂的形势下趋利避害，避实就虚。拿破仑率领预备军团翻过大圣伯纳德山口，进入北意大利后，面临着两种选择：一种是迅速南下，增援马塞纳，倾全力解除热那亚之围，使意大利军团免遭覆灭的厄运；另一种是暂时置马塞纳于不顾，迅速挥师东进，直取伦巴第的首府米兰，截断奥军退路，以求一举切断奥军主力与本土之间的联系，迫使奥军北撤，而后与其进行决战。拿破仑从战役全局出发，审时度势，权衡利弊，冷静做出了选择后者的正确决策。

最后，他沉着冷静地应付着险象环生的战斗环境，在关键时刻指挥若定，临危不惧。

拿破仑在马伦哥战役中，正好显示了这样一个突出的特点。1800年在6月14日下午的几个小时里，法军的处境可谓岌岌可危。按照一般人的看法，出现了这种情况，法军肯定是必败无疑了。可是，拿破仑却仍然镇定自若，继续从容不迫地指挥部队抗击敌人的进攻，并且因此争取到了时间，等到了援兵的到达。尽管德赛率部队及时赶到具有一定的偶然性，但拿破仑在危急关头的坚定态度，对于稳定法军的情绪，鼓舞法军继续进行顽强的抵抗，无疑是有重要作用的。没有他的坚定指挥，法军早在德赛的援军到达以前就崩溃了。

我们发现，生活中的成功者总是能够做到临危不乱，沉着冷静理智地应对危局，最终力挽狂澜，做出正确决策。而这也是二十几岁的年轻人要努力培养的一种能力和素养，我们要有意识地锻炼自己越是紧要关头越能保持冷静的能力，让自己能在紧急的情况下迅速冷却发热的头脑，冷静地观察问题，并在冷静的情绪中解决问题。

可以抱怨，但是抱怨要有底线

二十几岁的你，已经开始踏入社会，你的工作状态如何？生活是否让自己满意？无论如何，尽量不要把你的期待投射到别人身上，努力让自己不断成长，不要因理想与现实的落差而抱怨不休。麦尔顿曾经说过："提升自己的要诀不是静静地原地不动，而是想要达到某种目的时，首先要有不满足于现状的心理。但是，仅仅不满足是不够的，你必须要决定好以后将要行走的路程，否则，你就是个整天只会抱怨的人。"

抱怨在我们的生活或者工作中随时都有可能出现，然而，如何处理好抱怨，让它成为我们生活中的佐料或者说是调剂工作的小插曲，这是一门相当高深的科学，其中的尺度需要恰当把握。把握好抱怨的尺度和方式，可能你的小抱怨一经说出，立即获得圆满解决；牢骚不休，久而久之，你在大家心目中就成了爱抱怨的人，别人对你的印象势必会大打折扣。

说到底，会不会抱怨，能不能抱怨，其实是个技术活儿。正所谓"牢骚太盛防肠断，风物长宜放眼量"，现实中往往就是这样，付出和得到经常难成正比，于是乎，催生了抱怨的怒气，这也是难以避免的事。关键是如何正确地把抱怨说出来，如何不惹人反感。

黄侃曾任北京大学教授一职，他在经学、文学、哲学各个方面都有很深的造诣，黄侃作为章太炎门生，学术深得其师三昧，后人有"章黄之学"的美誉；其禀性一如其师，嬉笑怒骂皆成文章，然而却又有着自己的底线和尺度。

黄侃为人比较随性，在生活上对一些琐事不甚计较，他在北大主讲国学的时候，住在北京白庙胡同大同公寓，因为他终日潜心研究国学，有时吃饭也不出门，准备了馒头和辣椒、酱油等佐料，摆在书桌上，饿了便啃馒头，边吃边看书，吃吃停停，看到妙处就大叫："妙极了！"有一次，看书入迷，竟把馒头伸进了砚台、朱砂盒，啃了多时，涂成花脸，也未觉察。一位朋友去家里探望他，正好撞见这一幕，后来将此事当作笑谈爆料出来，由此亦可见黄侃为人粗犷的一面。

田炯锦在《北大六年琐记》中回忆："有一天下午，我们正在上课时，听得隔壁教室门窗有响动，人声鼎沸。下课时看见该教室窗上许多玻璃破碎，寂静无人。旋闻该班一熟识同学说：'黄先生讲课时，做比喻说好像房子要塌了。'说完，他拿起书包，向外奔跑，同学们不明就里，都跟着向外跑。拥挤得不能出门，有的同学急中生智，破窗而出。黄侃的这种率性而为，成了同学间永远的笑谈。"

黄侃作为北大人，一直因为特立独行而被学生们拥护，他在上课时，经常会穿着黑缎子马褂，头戴瓜皮帽，腰间露出一截裤腰带还是白绸子的，而且，每次讲课到精彩处，他一定会戛然而止，幽默地抱怨说："想往下继续听的话，这里面蕴含着一个秘密，北大给我的工资这么低，唉，我实在没有办法讲下去，要不，这样吧，你们请我吃顿饭如何？"同学们都明白黄侃是在说笑,自然也就没人会计较其实他是在抱怨。而对黄侃来讲,他聪明地知道,所谓抱怨,一定是要有底线的。

所谓"器满则倾,物极必反",就是在提醒我们做人应该学会适可而止,否则,就算我们据理力争,抱怨得有礼有节,也不见得会得到双赢的局面。

那么,我们应该如何调节自己的心态呢?

1. 每一份工作都会遇到很多困难的任务

每个人每天都有可能产生抱怨的情绪,而这种情绪的排解要靠我们自己。面对困难,我们选择如何去面对,这决定了我们将来的人生方向。在困难任务面前,有的人选择退缩逃避,不停地抱怨,最终碌碌无为,一事无成;有的人迎难而上,最后成就了一番事业。在遇到困难工作时,问一问自己,抱怨是否对于解决问题有所帮助?如果答案是没有,那么就不要浪费时间了,低头努力工作去解决问题吧!

2. 玉不琢,不成器

一块美玉的成型,需要反复打磨,做人其实也是如此。遇到困难或者委屈的时候,你应该努力将其看作生活给自己的磨砺,而不是喋喋不休地抱怨,这样阳光正面的心态,更有助于解决问题,更能够帮助你走向成功。

第七章

二十几岁学理财，打开你的财务自由之门

二十几岁要建立什么样的财富素养

生活中我们看到的绝大部分超级富翁，在年龄上都属于中老年。一般来说，人往往到了人生的后半段才能修成正果，财富的积累通常是和年龄成正比的。财富的创造不是一蹴而就的，任何质的飞跃都有赖于量的积累。但是，很多时候我们能够对一个人是否会取得成功做出预判，因为这个人身上体现出来的财富素养是可见的，我们观看运动比赛，有时不需要太高的水平，只要看运动员做几个动作，再和其他的运动员一对比，马上就可以知道谁的水平高、谁的水平低。高水平的运动员和低水平的运动员，素养自然不一样，他们在举手投足间、在形体和气质上，是有很大区别的。

那么，素养是如何培养出来的？要靠刻苦。每一天，运动员都要做无数次的训练，无数次重复同样的动作。刚开始训练的时候，可能是笨拙、不合格的。但无数次的重来之后，每个动作便日臻完善。最后，靠着这样一个个高素质的动作，不断追求卓越的运动员便可以在赛场上拼搏，争取自己想要的奖牌。没有素养，就不会有精湛的技艺；没有素养，就没有丰硕的成果。

素养就像一个大厦的基石，没有了素养，没有了坚实的地基，就无法建成巍峨壮观的大厦。因为获得素养的过程如此不易，所以高品位的素养才让常人望尘莫及，有素养的人和没素养的人，有着如此显著的区别。素养，成了划分高手与"低手"的分水岭。

不要总是梦想一夜暴富，没有坚实的财富素养作为基础，财富的大厦随时都可能倒塌。

当看到成功致富的人，我们只是注意到了他们眼前的辉煌，却没有看到他们在背后所付出的努力。正是有心的锤炼和严格的素养训练，才使得富人们启动了致富的快车，向着目标一路疾驰飞奔。

在致富的道路上，眼睛不光要盯着财富，还要看到，素养本身就是一笔财富。一个大公司破产了，老板依然会找到工作。而一个没有素养的人，即使有了财富，也只是过路财神而已。

黑龙江省就有一个人，连续两次中了五百万，但是最终的结局却很难让人相信——因为他沉迷于选彩票而不能自拔，最后，不但输光了所有的钱，还因诈骗了两百万而身陷牢房。

赢取财富，切忌急于求成，急功近利。要踏踏实实地做事，在致富过程中提高自己、磨砺自己，培养自己致富的各种素养，积累自己的各种知识。只要你不断向财富靠近，终有一天，财富就会属于你。

致富必备的内在素质：

1. 激发你对财富的强烈欲望

时刻想着赚钱，时刻想着致富，调动一切能量去追求致富。

2. 对财富永远充满热忱

工作勤奋刻苦、心无旁骛、充满热情和热忱；视事业为生命、精力旺盛、把工作视为娱乐、有坚忍的意志。

3. 胆识带来财富

要有胆有识，有旺盛的进取心和强烈的斗志，勇于创新。对于致富机会，眼光要敏锐，决策要果断，行动要迅速！

4. 树立财富信心

过去有过去赚钱的机会，现在有现在赚钱的途径。要有勇气投入到新的生存方式中去，只要我们有信心，并努力工作，我们完全可以富裕起来。

5. 不以赌博的心态寻求致富

投资做生意，一定要先考虑本身的财政状况，不要盲目地追求高回报的投资项目。稳健的人靠投资致富，而非一味靠投机发财。细水长流，积少成多，老老实实做生意，天天有薄利，日久天长，最终也可以致富。

越是缺钱的时候，越要理财

知乎上有个热门问题："最穷的时候，你是怎么度过的？"很多年轻朋友贡献了自己的答案。我们发现，其中很多人都曾在二十几岁遭遇过缺钱的境况，但是他们没有让自己颓废下去，试着学理财，试着做投资，终于实现了华丽转身，踏上了财务自由之路。

80％的人都出生在普通家庭，但随着年龄的增长却出现了两种完全不同的情况：一部分人通过投资、理财，经济状况日渐好转，过上了比较富裕的日子；另一部分人却日复一日始终在贫困线上挣扎，终日为一日三餐而发愁，更不用说什么个人发展了。是否善于投资、理财，对年轻人来说，其结果截然不同。

生活中缺钱的人大致可以归为两类：一类是安于现状，坐等机会，不思进取者，其结果当然是永远没有钱；另一类是设法去理财、投资的人。投资则有两种结果：失败或成功。如果投资失败，就会雪上加霜，这也没有什么大不了的，反正是没钱，只不过比以前更穷一点儿罢了；如果投资成功，把蛋糕逐渐做大，就可以告别穷人的生活。从概率上来说，在投资的结果中，成功的机会至少有一半。而不投资，其成功机会为零。

可见，投资总比不投资好。收入相对不稳定的人也需要投资。收入不稳定，生活就有风险，一旦某一段时间收入中断，生活就会陷入困境。法国作家雨果说："贫穷使男人潦倒，饥饿使女人堕落，黑暗使儿童羸弱。"

生活质量时高时低，没有保障，这种不稳定的状况本身就是一种风险。要想使自己能保持稳定的生活质量，就应该居安思危，及早做出投资理财的安排。趁现在还有收入时，或者加大储蓄，或者购买债券，或者投资于兑现性较强的项目，扩大进财渠道，稳固经济基础，增强抗风险的能力。

那么，二十几岁的年轻人怎样才能摆脱贫穷呢？

在生活中，使人们陷入麻烦的往往不是那些人们不知道的事，而是一些人们知道但却认为不可能的事。比如说，投资理财可以使每个人发财致富，但却很少有人真正地去做。

从理论上讲，一个人只要从年轻开始，有致富的欲望，并且善于投资理财，再加上以下三点：第一，每一年存1.4万元；第二，将存下来的钱投资在股票或房地产上；第三，耐心等待40年。

不管目前的经济状况如何，都可以在有生之年利用理财而致富。而这三点基本上每个人都可以做到，理由如下：

1. 每年存1.4万元，平均每个月存1200元，相信对每个人而言，应是很容易做到的事（如果你现在每年存不了1.4万元，你理财的当务之急是储蓄，而非投资）。

2. 近几年来股票、房地产的长期平均报酬率都在20%以上，换言之，只要分散投资于股票和房地产，并且长期持有，要获取平均20%的报酬率不是什么难事。

3. 40年，对于每个健康的人而言并不是苛求。现在的年轻人，一般在20～25岁开始工作，这时就可以开始储蓄与理财，到了65岁退休时，刚好40年。也许你埋怨上帝不公，为什么有人生而富有，有人却天生贫穷，但在理财的时间上，上帝对每个人都是公平的，因为实际上几乎所有的人，都拥有40年以上的理财时间。上帝赋予了每个人公平的理财致富机会。

选择最适合自己的理财方式

有"股票之神"之称的沃伦·巴菲特投资眼光独到又高明，你知道吗？他从11岁时便开始投资股票了。

巴菲特在11岁时，把自己和姐姐积攒的零花钱都投入股市，一开始便赔了，姐姐很不高兴，甚至骂他无知，让他尽快把钱拿回来，但他坚称要放着三四年才会赚钱，无奈姐姐只好把自己的股票卖掉，而他则继续持有，最后事实验证了他的想法。

20岁时，巴菲特在哥伦比亚大学就读。大学期间，跟他年纪相仿的年轻人都只会游玩，或是阅读一些休闲的书籍，而巴菲特却喜欢研究金融学，经常到图书馆翻阅各种保险业的统计资料。他当时的本钱很少，所以买入的股票总是卖得过早，继而转购别的股票，虽然没有资金优势，但是他的钱还是越赚越多。

个人理财的最大障碍是抱有"车到山前必有路"的侥幸心理。许多人抱着得过且过的态度来理财，总认为船到桥头自然直，虽然年纪一直在增长，而财富却不见怎么增加，只眼睁睁看着别人的财富逐渐成长，终于认识到理财的重要性，此时才想理财，却为时已晚！

想达到使已有的钱既保值又增值的目的，必须选择恰当的理财方式，现在适合个人理财的方式有很多种：储蓄、股票、保险、收藏、外汇、房地产等。面对如此多的理财方式，最关键的问题是要选择适合自己的理财方式。

1. 根据年龄

年轻人应选择风险较大、收益也较高的投资理财组合，而老年人一般应以安全性较大、收益比较稳定的投资理财组合为佳。

2. 根据性格

每一种理财方式都不可能让所有人在各方面都得到满足，只能根据个人的性格决定。如果你是属于冒险型的，而且心理素质不错，能够做到不以股市的涨跌喜忧，那么，你就可以将一部分资金投资于股票。相反，如果你自认为属于稳健型的，那么，储蓄、国债、保险以及收藏也许是你的最佳选择。

3. 根据职业

从事的职业决定了你能够用于理财的时间和精力，而且在一定程度上也决定了你理财的信息来源是否及时、充分，由此也就决定了你的理财方式的取舍。例如，如果你的职业要求你经常奔波来往于各地，甚至很少有时间能踏实地看一会儿手机，显然你选择涉足股市是不合适的。又如，对于一个从事高空作业等风险性很高的工作的人而言，将其收入的一部分用于购买保险是一个明智的选择。

4. 根据收入

理财专家常告诫人们将收入的1/3用于生活消费，1/3用于储蓄，剩余的1/3用于投资生财。按此算来，你的收入就决定了这最后1/3的数量，进而决定你的理财选择。比如，同样是选择收藏作为理财的主要方式，但资金太少而选择收藏古玩无疑会困难重重。相反，如果以较少的资金选择投资不大但升值潜力可观的邮票、纪念币等作为收藏对象，不仅对当前的生活不会产生影响，而且还会获得相当的收益。

为什么都在说"思考致富"

掌握财富，主要的方法就是掌握趋势。掌握趋势就是掌握未来、掌握发展的机会。什么叫趋势？趋势就是经济发展的大规律。如果我们现在需要选择一个行业的话，要追求更高的投资回报率，我们是选择一个具有远大前景、无穷发展空间的朝阳行业，还是选择一个成熟或逐步衰落的日落行业？

当然，把握商机并非如此简单，它需要我们冷静地分析与判断，在错综复杂的经济现象中，整理出未来的发展路线图。当一种趋势苗头初现时，能够及时发现并且把握住，就是真的英雄。

当年，一个叫克罗克的奶昔机器推销员就抓住了一个偶然的机会进而获得成功。他从业务报表上发现，有一家名叫麦当劳的餐厅一口气订购了八台奶昔机器，而一般的店也不过只需要一两台。他就从这个订购单上发现了苗头，认定这是一家不一般的店，立刻动身前往。这一去改变了他一生的轨迹。

克罗克到了麦当劳餐厅，立刻被那种独特的快餐氛围所感染。他意识到，在大工业时期，麦当劳这样的快餐店正是潮流所在。他立即找到店主麦当劳兄弟，提出他的扩张计划，他要在美国克隆出遍地的麦当劳快餐店。但麦当劳兄弟对此并不是很感兴趣，就凭着洛杉矶这一个店，一年已经能够稳赚10万美元，这在当时不是个小数字，他们已经很满足了。经过艰苦的谈判，克罗克才获得条件苛刻的授权，开始在美国各地推销麦当劳连锁店的加盟权。

当年的克罗克已是53岁。他不仅放弃了熟悉的工作，还得自己承担连锁店的行销费用，四处奔波而赚钱又少，以至于结婚39年的老婆也终于离他而去。

虽然损失惨重，但克罗克认准了就绝不放弃。6年之后，麦当劳在全美国的连锁店达到200多家。克罗克又冒着倾家荡产的风险，借了270万美元，把"麦当劳"这个商标全部买断，他终于成了麦当劳的主人。之后仅仅过了十年，美国的麦当劳连锁店就达到700多家，股票也成功上市，成为巴菲特长久持有的赚钱股票之一。

现在，麦当劳的商标价值是253亿美元，克罗克本人当然也成了超级富豪。

麦当劳兄弟创立了麦当劳，又失去了麦当劳，他们可以经营好一个店，却没有战略的眼光，看不到未来的趋势，以至于经营了25年，一个店还是一个店，直到克罗克的出现，才把麦当劳打造成了一个财富王国。

不论是穷人和富人，谁都可以开一间十几平方米的小铺子，但只有真正的富人，才能依靠自己的聪明和智慧把小铺子变成世人皆知的大企业，并用自己的企业影响到世界上的每一个人。

一件事情，重要的不是现在怎样，而是将来它会怎样。看清了它的将来，就要坚定不移地去做，把眼光放远一些的人，才有可能做更大的生意。一个优秀的富人，他的目标永远是下一步。

作为每一个想成为真正富人的人，我们不仅仅关注富人的口袋，更应该关注他的脑袋，特别是富人口袋还没有鼓起来时的脑袋，看看他都往自己的脑袋里装了些什么东西。

穷人有受穷的原因，富人有发财的理由，这其中没有什么偶然，只有不变的必然。我们不要把目光全盯在口袋上，而是应该放在自己的脑袋上，一旦自己的脑袋富有，那么我们口袋的富有就是时间的问题了。

尝试修筑赚钱的管道

有一个小村庄严重缺水,为了从根本上解决这个问题,村主任决定对外签订一份送水合同,保障村民的日常用水。张三和李四接受了这份工作。

张三立刻行动起来,他买了两只大木桶,每日奔波于1公里以外的湖泊和村庄之间,从湖中打水并运回村庄,由于起早贪黑地工作,张三很快赚到了钱。虽然工作很辛苦,但他心里很高兴。

李四没有像张三那样买两只桶就开工,而是做了一份详细的商业计划。一个月后,李四带着一个施工队和一笔投资回到了村庄,花了一年的时间,李四的施工队修建了一条从村庄到湖泊的大容量的输水管道。

在竣工典礼上,李四宣布了他的水比张三的水干净,他能够每天24小时不间断地为村民提供用水,同时价格比张三低25%。这样一来,村民们欢呼雀跃奔走相告,立即要求从李四的管道上接水龙头。

李四的想法在继续扩大。他想,其他有类似环境的村庄也一定需要水,于是他开始向周围的村庄推销他的快速、大容量、低成本并且卫生的送水系统。

这样一来,每送出一桶水李四只赚1毛钱,但是每天他能送几十万桶水，无论他是否工作，几十万人都要消耗这几十万桶水，而所有的这些钱都流入了李四的银行账户中。

人在迈出左脚的时候，很容易预见到下一步迈出的是右脚，但多走几步以后，心里是不是还那么清楚呢？更多的人其实是只能看到眼前，对未来没有明确的规划，只是凭着惯性，随意地走。所以大多数人的人生，也就不是他们自己安排的人生，而是一连串偶然的结果。

棋坛高手和普通人的差别，往往就在于眼光的远近，高手能算到几十步之后的局面，一般的人也就只能看到两三步远。高瞻远瞩，才能运筹帷幄，这就是素养的问题。

想赚钱就要认真赚钱，把赚钱当成职业，以专业的精神去对待财富。有计划地赚钱，是很多富人的必由之路；有计划地扩张财富版图，是高素质财富精英的标志之一。

人们常常将富人的成功归结于聪明和勤奋。聪明犹如一部车的四个轮子，灵敏、结实、质量很好，车要跑得快、跑得远，离不了这样的轮子，通常所说的聪明才智，就属于这个范畴。

真正的富翁不只是工作，更要考虑如何更聪明地工作、更有效率地工作，建立自己的赚钱系统——如何修筑赚钱的管道，即使自己不工作，也能让钱源源不断地流进自己的口袋。

要赚钱，先给自己找对圈子

"人在江湖，身不由己"。生活中，每个人都会有一个属于自己的小"江湖"，也就是"圈子"。

这种圈子就像宇宙中的天体运行轨道，每一圈轨道里都会有许多天体被轨道的引力所吸引、所约束，并且在规定的范围里活动。这种约束既是束缚也是动力，让其中的天体不至于轻易被甩出去。

有一位出身于农民家庭的老板，因为抓住了几次商业机遇，加上大胆经营，终于有了一家小有规模的公司，但是后来又因为一次投机失败，千万元资产付之东流，他一下子沦为了"百万元负翁"。对于他的破产，许多员工非常不理解："有几千万元，就是坐着吃，什么都不干，这辈子都不用愁，何必还要去冒险？"这样的观点在低收入者中颇具代表性。不过一旦说这种话的人有机会成了富人，他还是会不断地去冒险而不会选择安稳地吃老本。

为什么会这样呢？一切都是因为"圈子"，各人有各人无形的圈子，每个时代都是如此。就像足球联赛有甲、乙、丙级之分，在丙级队眼里，甲级下游的队已经很强大了。可是真正处于甲级下游甚至上游的队并不会觉得自己可以高枕无忧，对于被淘汰出甲级的忧虑和在对手中脱颖而出的渴望，让他们永远不会选择安逸、平稳。

可以说，圈子中的每一个人，都带着这个圈子的共性。正因为如此，人们常常用一个人所处的圈子来判断这个人。

一个大老板如果曾经与比尔·盖茨握过手，他一定会把握手的照片放在显著位置，恰到好处地让人看见。因为能和高山仰止的人物在一起，他自己的形象也大大提升。

媒体上经常有个词，叫"圈内人"，也就相当于"自己人"的意思。不是自己人，当然什么也不好办，打不进圈子内部，你就是浑身是胆，也只不过算个散兵游勇，很难大红大紫。

为什么有的演员宁可自降身价，也一定要去拍一些知名导演的戏？那是因为要占领制高点呀，名导是圈子的核心，是圈子中的圈子！慈禧如果没被选进皇宫，就永远不可能当上老佛爷。所有的交流、提携，甚至争斗，都是在圈内发生的，进不了圈，一切就与你无关；与圈的核心越近，你就越有可能成为核心。

和什么人在一起，这是个非常重要的事情。

小王不久前一次性付款买了一套小户型的二手房。地段、环境都不怎么好，不过价钱相对便宜。住进去以后，起初因为没有了经济负担感到一身轻松，可是住了一阵子就感觉与周围邻居格格不入了。每天晚上他准备写作时，麻将声从四面传来；楼道里经常被各种东西占满；随处可见的痰迹……

"一定要多挣些钱，早点搬到好一点儿的小区去，起码邻居大多数是小白领、小知识分子，或许按揭一套好点儿的房子比现在不当房奴生活得更舒心一些。"不知不觉，小王也有点局部赞同那位破产老板的观点了，也理解了为什么会有那么多年轻人脱离自己的消费能力,不甘心却又当起了房奴。

  圈子,有时是画地为牢中的"牢",想让你拼命摆脱某些圈子,有时又像一个强大的磁场,想让你拼命进入某些圈子。

先稳定基础性收入，再谈其他

当几件事情同时摆在你面前时，通常我们都是一件一件地去完成，同时进行几件事情是很难的，而且如果兼顾不好，可能到最后一件事情都做不好。随着市场经济的深入发展，职业种类、就业机会越来越多，我们的收入来源也越来越多了。很多人在兼顾着几份工作，拿着几份收入。

收入来源多了当然是件好事，但是，也有很多人因为几份工作同时进行，而把生活和工作搞得一团糟。所以，要得到更多的财富，就必须先有一个稳定的收入来源作为基础，然后在此基础上再广泛开发。总之，不管怎样，不能放弃基础性收入来源，否则就是舍本逐末。

小王是北京某名牌大学的工商管理系毕业生，供职于一家中型私企，是一名办公室的行政人员，每天朝九晚五上下班，工资也还可以。但大都市的生活还是让他感受到了越来越沉重的生活压力。基于现在工作时间比较固定，空闲时间比较多，他找了两份兼职来做：一个是在每晚上10点到12点的时候在一家小电台主持午夜节目，另一个是在周末的时候在一家辅导机构做英语辅导老师。他原本以为自己可以将时间安排得井然有序，可是只坚持了三个月，小王就有些吃不消了。为了做好晚上的直播节目，他每天一下班就急匆匆地往家里赶，争分夺秒地搜集素材写稿子。有时候本职工作还有些尾巴没有做完，他也顾不得了，只能留到明天的上班时间再一一补齐。晚上做完节目后回到家里基本已经是夜里一点了，草草洗漱睡觉后，第二天顶着对熊猫眼继续上班。周末之前还得准备好两天的课程讲义，很多时候不得不占用白天的上班时间进行准备。长时间的高速运转让他的身体越来越差，失眠、头痛、精神衰弱，一天到晚感觉晕晕乎乎的，无法全情投入到自己的本职工作中去。致使他在一些小事上频频出错，如丢失工作文件、遗漏数据报表、弄错与会人员名字，等等，更别说深入思考长远的工作战略和工作方法了。最后几近崩溃边缘的小王，还是决心放弃兼职，将精力投入到本职工作中。

现实生活中的我们也会犯和小王相似的错误，为了扩大自己的收入来源，就这儿做一个兼职，那儿拿一个项目，在没有确定一个稳定收入来源时，就想遍地开花。这样做常常事与愿违，把自己弄得筋疲力尽不说，反而丧失了最基本的收入来源。在职场中切忌急于求成，一定要先确立一个稳定的基础收入，在此之上再广泛深入地开发其他渠道，这样才能形成合理的链条。

说到这里，聪明的你肯定已经懂得了，在我们的工作和创业中，先要抓住一个基础性的收入来源。从小处看，它是我们衣食饱暖、生活稳定的依靠；从大处看，它是我们奠定基础深入发展的依托。同时，当我们有了这个坚实基石之后，要开动脑筋，抓住机遇，发现其他的创收模式，从点到线，从线到面，广泛开发，形成一个相互联系的创收链条，积极开创我们的财富人生。

"买买买"面前保持头脑清醒

乐乐从学校毕业已经两年多,虽然目前工作稳定,但薪水不多。她每天坐公车上班,梦想着买辆车。下班之后,她最大的乐趣是逛街、泡吧、喝咖啡,最熟悉的地方是各个百货商场。她常常抱怨:"哎呀!半个月薪水还不够买一条裙子,上个月刷信用卡买的皮包现在还没还清!逛商场就是好,可没钱'干'瞪眼也怪难受的。"

她拖着疲惫的身躯回到家,看了看挂在墙壁上的写真照片,那是上个礼拜拍的,花了一千多,她觉得还真是"物超所值"。正沉醉着,房东阿姨一阵猛敲门:"喂喂,乐乐小姐,你到底要不要交房租?再不交只好麻烦你搬走了。"

像案例中的乐乐一样,生活中很多年轻人崇尚消费,一逛街总能发现许多值得大力"掏钱"的东西。于是这也买,那也买,买的时候忘乎所以,没钱的时候又后悔莫及。

"早知今日何必当初",这世界美好的东西太多,喜欢就买,迟早得为钱发愁。还是让我们在消费面前保持一颗清醒的头脑,别让消费绑架了我们的财富。

在消费前,我们可以先问自己几个问题,如果这几个问题都通过了,再掏钱你就会有理性了。

1. Why——为什么要买

消费好比三部曲：第一是生活必需品，吃穿即属于此类；第二是维持生存的消费，如房租、水电费等；第三是供给我们自己或家庭成员发展和时尚领域的消费，如教育投资、文化娱乐等消费。这三种消费对每个人或家庭而言都是合情合理的，但具体开支就要分清轻重缓急。一般说来，月收入首先要保证生活开支，而后才能考虑发展消费与享受消费。杜绝攀比跟风要贯彻始终，否则，以人之量，量己之出，势必使消费结构偏离健康态势，导致捉襟见肘。

2. What——买什么

合理的消费结构必须根据收入情况来确定，总的原则：量入为出，略有节余。

从生存性需求来看，柴米油盐等属于非买不可的物品；从享受性需求来看，美味可口的高档食品、做工考究的精美服饰要与自己的经济实力挂钩；从发展性需求来看，音响是否环绕立体声、彩电是否纯平大屏幕等，就不在"必需"之列了。然而，无论是个人还是家庭里年轻成员的教育开支都应列入常备必要项目。

3. When——什么时候买

购物时如果你能巧妙地利用时间差，同样会使你获益匪浅。如在换季大减价的时候购买时装，就有可能以较低的价格买到较称心的衣服；在夏季的时候买冬季的东西，冬季时买夏季的东西，反季购买往往价格便宜又能从容地挑选。

4. Where——到什么地方买

商场、超市是大多数人购物的首选。商场、超市经常会利用节假日推出"买二赠一"、低价等购物优惠活动，此时一定要经过反复比较，以最优惠的办法买下所需要的物品。现在电商网购已经非常成熟和发达，各家团购、网购也是优惠多多，需要注意的是，网上店铺成千上万，商品更是琳琅满目，想要以最少的代价淘到自己最心仪的宝贝，还是要货比三家。

5. Who——让谁买

有人把女性戏称为"消费的动物"，一项全国性的网上调查结果给这种说法提供了一定的根据。调查结果显示，不管女性的社会地位如何，在消费上，她们可谓绝对地当家做主。根据这项调查，女性除了自身的消费外，父母、子女、丈夫等家人的生活需求也大多由她们来安排满足。女性在购物时，首先考虑的是实用因素，其次为价格和品牌。但如此"一刀切"似乎也不合理，具体情况还需具体分析，买食品、服装和床上用品等，做妻子的往往比丈夫精明；而购买家电、家具等耐用消费品则丈夫比妻子内行些。

所谓"大富由天，小富由俭"，只要懂得理性消费、精打细算，就不愁做不好消费这本明细账，生活也总有越过越红火的一天。